FUSAINS

ET

EAUX-FORTES

OUVRAGES DU MÊME AUTEUR

PUBLIÉS DANS LA BIBLIOTHÈQUE-CHARPENTIER

à 3 fr. 50 chaque volume

POÉSIES COMPLÈTES (1830-1872).........	2 vol.
ÉMAUX ET CAMÉES. Édition définitive, ornée d'une eau-forte par J. Jacquemart............	1 vol.
MADEMOISELLE DE MAUPIN............	1 vol.
LE CAPITAINE FRACASSE.............	2 vol.
LE ROMAN DE LA MOMIE.............	1 vol.
VOYAGE EN RUSSIE...............	1 vol.
VOYAGE EN ESPAGNE (Tras los montes)......	1 vol.
VOYAGE EN ITALIE................	1 vol.
ROMANS ET CONTES (Avatar. — Jettatura, etc.)..	1 vol.
NOUVELLES (La Morte amoureuse. — Fortunio, etc.).	1 vol.
TABLEAUX DE SIÈGE. Paris, 1870-1871.......	1 vol.
THÉATRE (Mystère, Comédies et Ballets).......	1 vol.
LES JEUNE-FRANCE. *Romans goguenards* (Sous la table. — Onuphrius. — Daniel Jovard. — Celle-ci et Celle-là. — Élias Wildmanstadius. — Le bol de punch), suivis de CONTES HUMORISTIQUES (La cafetière. — Laquelle des deux. — L'âme de la maison. — Le garde national réfractaire. — Deux acteurs pour un rôle. — Une visite nocturne. — Feuillets de l'album d'un jeune rapin. — De l'obésité en littérature)......................	1 vol.
HISTOIRE DU ROMANTISME, suivie de *Notices romantiques* et d'une étude sur les *Progrès de la Poésie française* (1830-1868). 2ᵉ édition..........	1 vol.
PORTRAITS CONTEMPORAINS (Littérateurs. — Peintres. — Sculpteurs. — Artistes dramatiques), avec un Portrait de Théophile Gautier d'après une gravure à l'eau-forte par lui-même, vers 1833. 3ᵉ édition.	1 vol.
L'ORIENT....................	2 vol.
TABLEAUX A LA PLUME.............	1 vol.

Paris. — Imprimerie Vᵛᵉ P. LAROUSSE et Cⁱᵉ, rue Montparnasse, 19.

FUSAINS

ET

EAUX-FORTES

PAR

THÉOPHILE GAUTIER

PARIS

G. CHARPENTIER, ÉDITEUR

13, RUE DE GRENELLE-SAINT-GERMAIN, 13

—

1880

Tous droits réservés

AVERTISSEMENT

Les articles recueillis dans ce volume n'ont entre eux aucun lien de sujet ni de genre. Le style si personnel de Théophile Gautier donne seul une sorte d'unité à ces pages.

Elles pourraient être considérées comme le résumé succinct de l'œuvre entier du grand écrivain; études artistiques et littéraires, appréciations de faits et de personnes, fantaisies et souvenirs de tous genres y sont réimprimés, en ordre chronologique, tels qu'ils sont sortis de la plume de leur auteur.

Ces articles, nous les avons presque tous choisis de préférence à bien d'autres parmi les travaux épars du maître, à cause de leur extrême rareté. Quelques-uns même sont introuvables. Nous indiquerons, entre autres, l'étude sur le Buste de Victor Hugo *par Jehan Duseigneur, la première étude d'art connue qu'ait publiée et signée Théophile Gautier, et les rarissimes articles tirés de* La Charte de 1830.

Tous ceux qu'il y fit insérer ne sont malheureusement pas entrés dans ce volume. Il en manque certainement trois, parus en 1836, dont il a été impossible de retrouver le texte, l'exemplaire de La Charte de 1830 *qui les contenait ayant été brûlé en 1871 avec la Préfecture de police. Théophile Gautier croyait, en outre, avoir publié dans ce journal une étude sur les* Paroles d'un Croyant *de Lamennais. Si le hasard faisait tomber ces lignes sous les yeux d'un lecteur connaissant une collection complète de* La Charte de 1830 *(septembre 1836, — mai ou juin 1838) ou les articles qui nous manquent, nous lui serions on ne peut plus reconnaissant de bien vouloir nous les indiquer.*

A un autre point de vue, signalons aussi les curieuses pages d'actualité politique écrites en 1848 pour Le Journal *d'Alphonse Karr, sous le titre de :* La République de l'avenir. *Une étude spéciale de ce genre est unique, pensons-nous, dans tout l'œuvre de Théophile Gautier.*

L'ÉDITEUR.

UN BUSTE

DE

VICTOR HUGO

UN BUSTE

DE

VICTOR HUGO

De tous les portraits de Victor Hugo que l'on a faits jusqu'à présent, aucun ne reproduit les traits et la physionomie de ce Gengiskan de la pensée ; on connaît la lithographie de Devéria, belle comme une œuvre d'art et d'une grande tournure ; mais je ne crois pas que le caractère de la tête soit bien saisi, surtout moralement ; on dirait presque un Byron, un Shelley, ou quelque autre de l'école satanique ; il y a de l'orage sur le front, de l'amertume dans ce sourcil contracté ; le nez est loin d'être exact, il vise à l'aquilin ; la bouche et le menton manquent un peu de ces méplats fortement accusés, de ces contours fouillés si puissamment, qu'on remarque dans Victor Hugo et qui donnent quelque chose de grand et ferme à son profil. David, dans ses bas-reliefs pour le tombeau du général Foy, n'a guère été plus heureux ; il a cru qu'il suffisait d'exagérer certains détails pour arriver au but ; ce n'est plus un portrait, c'est ce qu'on appelle en argot d'atelier une charge. D'ailleurs, le haut de la figure est tellement déprimé (à l'opposé du portrait de Goethe, où le front surplombe), qu'anatomiquement parlant, un personnage constitué ainsi ne pourrait vivre.

Voici un nouvel essai de M. Jehan Duseigneur, auteur de *Roland furieux*, d'un *Napoléon* refusé et qui, certes, valait mieux que celui de Seurre, ridiculement étayé d'un aigle ou d'une bûche, je ne sais trop lequel ; voyons s'il a mieux réussi.

Son buste est d'une belle proportion, un tiers plus grand que nature ; le masque a de la bonhomie et du repos ; on voit bien là l'homme qui a confiance en sa force et qui poursuit majestueusement sa haute mission, l'homme dont la devise littéraire est *hierro*, et qui n'en est pas moins doux à l'usage et simple dans sa vie ordinaire, comme s'il n'était pas lui. M. Duseigneur a très heureusement, selon nous, fondu le poète avec l'homme, chose que l'on néglige trop souvent dans les portraits de célébrités à qui l'on donne presque toujours un air de dithyrambe et de *smorfia* méditative, on ne peut plus ridicule chez nous, où le poète est citoyen, comme dit Sainte-Beuve.

Le front, un des plus beaux laboratoires à pensées qui soient au monde contemporain, est étudié avec scrupule, modelé avec finesse. Le travail est souple et moelleux ; cela singe la chair autant qu'il l'est donné à l'argile ; les lèvres sont d'un sentiment délicat et vrai ; elles respirent bien, et dans le globe vide de l'œil, M. Duseigneur, différent en cela des sculpteurs grecs, nous a fait deviner, avec tout l'art imaginable, cette prunelle d'aigle et ce regard large que la peinture est seule en possession de rendre. Seulement, et peut-être est-ce une observation minutieuse, les sourcils sont un peu trop saillants et coupent la ligne frontale un peu trop brusquement. Ce buste nous paraît destiné à un grand succès, surtout à l'étranger où les intelligences plus artistes sont en avant de nous dans l'admiration du plus grand poète que nous ayons. Nous ne doutons pas que tous les religieux de ce beau talent ne s'empressent d'orner leurs bibliothèques de ce portrait, dont le moulage a été confié à l'un de nos habiles, M. Lambert Misson, rue Mazarine.

(Le *Mercure du* XIXe *siècle*, 8 octobre 1831.)

DE L'ORIGINALITÉ

EN FRANCE

DE L'ORIGINALITÉ EN FRANCE

Maître Yorick, le descendant du bouffon d'Hamlet, a dit (et il y a déjà quelque temps de cela), que les Français étaient comme ces vieilles pièces de monnaie qui, à force de passer de main en main, ont perdu leur empreinte et leur millésime.

A mon avis, c'est ce qu'on a trouvé de plus juste et de plus fin sur notre caractère national, qui, malheureusement, est de n'en point avoir.

Le Français, n'étant pas d'une complexion d'âme assez robuste pour se supporter lui-même dans la solitude, éparpille son existence autant qu'il le peut.— Dans ce frottis continuel avec le monde, tout ce qui aurait pu faire type disparaît. En effet, de la manière dont notre vie est posée, rien n'est plus incommode qu'un type; toujours en contact les uns avec les autres, nous sommes tentés à chaque instant de dire comme l'homme dans *Cromwell :* « Voisin, votre coude est pointu. »

Votre angle saillant peut très bien ne pas s'adapter à mon angle rentrant, le mien au vôtre ; cependant le sort, ou plutôt l'arrangement social me place auprès de vous ; nous sommes forcés de marcher côte à côte dans cet étroit sentier de la vie. Eh bien ! abattez cette arête, déprimez cette saillie où je me heurte et qui me blesse.— J'en ferai autant sur moi pour vous.

Plusieurs boules sans se briser peuvent rouler ensemble sur le même tapis, deux surfaces planes se frôler sans qu'il y ait dommage ; exposez deux ciselures de haut relief à une action réciproque ; l'une usera l'autre, ou même elles s'useront toutes deux.

Je crois que tout est là ; de là ce qu'on appelle politesse, de là le manque d'originalité.

Pour les raisons que j'ai dites, et cela avec quelques apparences de logique, on évite le type aussi soigneusement que la peste ou le choléra-morbus. Ce mot seul, « c'est un original, » équivaut à une réprobation et établit comme un cordon sanitaire entre vous et ces Dreux-Brezé de l'étiquette bourgeoise barricadés derrière le banal, embastionnés dans le convenu dont la grande maxime, l'apophtegme sacramentel est : *Il faut être comme tout le monde.* Aussi, dès que le hasard fait tomber dans une société un jeune homme d'une individualité franche, une figure aux contours nets et tranchés, de deux choses il arrive l'une : ou on l'élimine s'il paraît trop fauve pour être apprivoisé, ou quelqu'un de la société (et c'est presque toujours une femme) se charge de le former, c'est le mot ; il est rare qu'elle n'y réussisse pas. D'ailleurs, l'originalité ne se développe que dans la retraite, et le Français n'a pas de chez lui ; il ne comprend pas la poésie du foyer, le bonheur du dedans ; il n'y a pas dans sa maison de recoin interdit où recueillir ses jours dans le calme et l'ombre ; sa vie est toute transparente et percée à jour ; le premier visiteur entre de plain-pied dans son existence domestique et en surprend le secret.

Cela est cause que dans son intérieur même, à peine il ose se laisser aller à sa nature. S'il ôtait le masque d'uniforme, s'il délaçait un peu ce corset de grande représentation, il courrait risque d'être surpris en flagrant délit d'individualité, ce qu'il ne voudrait pas pour un monde ; il aurait peur qu'on ne se moquât de lui. — Pour l'éviter, ne pouvant se supprimer ni se rendre invisible, il se lime et se passe à la pierre ponce, enlevant tous les signes caractéristiques qui trahiraient son incognito, à peu près comme au bal de l'Opéra, où tout le monde, par une convention tacite, prend des dominos de même couleur afin de n'être pas reconnu.

Et si un événement inattendu le force, par surprise, à se manifester d'une manière quelconque avant que l'idée qu'il doit avoir lui ait été envoyée toute faite et sous bande dans son journal, je suis sûr qu'il se dit en lui-même cette phrase d'Alfred de Musset, qui résume si admirablement notre époque : « *Dieu ! vais-je me rendre ridicule !* »

Vous croirez peut-être, d'après cela, que le Français a une grande estime pour ses compatriotes, puisqu'il s'inquiète tant d'eux, qu'il se retranche à cause d'eux jusqu'au plus léger caprice, jusqu'à la plus minime excentricité ? Point : il les méprise, et il a raison ; mais il les craint, et il a tort. Dans cette perplexité, il se cravate, se culotte, se gante exactement comme vous et moi ; il va chez votre chapelier prendre la mesure de votre chapeau, la forme et les bords seront juste de la même grandeur ; il se permettrait plus volontiers un vice ou deux qu'un pouce de plus ou de moins ; il copie votre port de tête, votre tic, votre démarche ; il imite votre inflexion de voix, se sert des mots dont vous vous servez ; il se fait votre singe, votre écho ; il se lève, s'asseoit, salue, sourit (car on ne rit plus) ; il aime, il hait, il mange, il boit, le tout à votre manière à vous, et non à la sienne à lui ; il se donnerait bien garde d'en avoir. Il espère ainsi se mettre à couvert de vous par vous ; car, malgré le chauvinisme de l'Empire, le Français est naturellement poltron, douteur, irrésolu ; il n'a de courage que l'eau-de-vie et le tambour aidant ; je connais nombre d'honnêtes gens qui ne salueraient pas un boulet de canon, qui monteraient à une redoute, front haut, poitrine effacée, pour deux lignes dans un bulletin, deux rimes dans un vaudeville, qui n'oseraient jamais faire un pas dans une rue avec un habit écarlate. Chez nous on craint plus un coup de lancette du *Figaro* qu'un coup d'épée. Il y a tel homme qui s'est laissé tuer par un article de journal, tel autre qui est mort d'un calembour.

Une pointe, une épigramme suffisent pour arrêter le type qui ne demande qu'à se développer, comme une gelée blanche d'avril qui fait périr le fruit dans la fleur.

Et puis la civilisation est là réglant tout, prévoyant tout, qui rend l'aventure impossible et ne laisse presque pas prise au hasard sur notre vie. Or, comment voulez-vous qu'on soit poète dans la prose, neuf à propos de vieux, étrange dans une situation banale? On n'est pas type sans y être amené par le train des choses; il faut un coin à la médaille : l'événement c'est le coin. Il n'y a point d'événement chez nous. Le gouvernement constitutionnel, le progrès des lumières, comme on dit, l'ordre public et les sergents de ville vous font aujourd'hui votre existence de demain pareille à celle d'hier. Plus de ces fortunes inouïes, de ces catastrophes toutes faites pour un cinquième acte de drame, de ces romans plus compliqués que *Cleveland*, plus merveilleux qu'un conte arabe, comme on en trouve à chaque page dans nos vieilles chroniques. Notre biographie n'est pas bien longue à écrire... Un tel... Le nom n'y fait rien, le prénom pas grand'chose : nous n'en avons qu'une douzaine pour trente millions d'hommes, tant nous haïssons nous distinguer les uns des autres ; né en 17..., mort en 18..., c'est tout. Nous laissons pour trace de notre passage au monde deux actes : un acte de naissance, un acte de décès. Entre ceux-là quelques-uns (ont-ils raison?) en signent un troisième, le contrat de mariage. Nos annales sont les registres de l'état civil ; voilà pourtant où la civilisation nous a menés. Je ne doute pas que d'ici à quelque cent ans on n'en vienne à arranger la vie de façon telle qu'un automate puisse en remplir les fonctions. Nous aurons des hommes d'État à ressort, des armées sur roulettes, des commis à rouages et contrepoids, établis dans le système des tournebroches, etc.

Les enfants et les livres se feront à la vapeur. Peut-être notre vieux monde n'en irait-il pas plus mal! Oh! malheureux peintres, malheureux poètes que nous sommes d'être nés dans ce temps où il n'y a plus ni poésie ni peinture! Nous avons beau nous frapper le front, nous pressurer l'âme, nous tordre le cœur pour en faire jaillir quelque chose, que voulez-vous que nous fassions? qui posera pour notre drame ou notre tableau? où sont les modèles, les types à produire? Mais où sont les neiges d'antan? c'était le souci de Villon.

Falstaff est mort, Panurge est mort, M. de Pourceaugnac aussi ; le grotesque est enterré, le grandiose avec ses héros dorment en long, leurs bouffons à leurs pieds ; des lévriers de pierre, des anges de marbre gardent leur sommeil sous les ogives moisies de quelque pauvre basilique abandonnée ; le battement des nobles cœurs s'est arrêté comme une pendule qui ne se remonte pas. Où trouver un Dowglas, un Bayard, un Hotspur ? Le temps des royales amours et des actions chevaleresque est passé ; plus de dévouement, plus de foi !

Notre sainte mère l'Église est regardée comme une vieille en enfance et qui radote. Le maillot même n'est plus crédule : à cinq ans une petite fille n'a plus peur du diable ; à six, un petit garçon est athée. Aussi un grand homme a-t-il été forcé de clouer au front de son œuvre cette épigraphe amère et désespérée : « *Nos canimus surdis.* »

Ces têtes fières et terribles, aux méplats accusés, à la barbe large et caractéristique, aux tons riches et chauds, hélas ! elles sont perdues à tout jamais.

Il n'y a plus d'hommes, n'est-ce pas, mesdames ? Et ces visages de femme, ovales et parfaits, au sourire intime et reposé, aux paupières pleines d'ombre et de recueillement, au front limpide et clair où l'espérance d'un monde meilleur transparaît à travers le contentement d'avoir fait son devoir en celui-ci ? Vous en trouverez beaucoup dans les vieux maîtres.

Soyez sûrs que ce sont des portraits : cela ne s'invente pas! vous n'en trouverez plus sur la terre; elles s'en sont allées là d'où elles étaient venues!

Le manque de pensées hautes, de convictions intimes donne à notre physionomie je ne sais quoi de flasque et de flottant dans le contour, de mat dans la couleur, qui fait peine à voir. Nos figures sont laides, parce que nos pensées le sont; rien ne rend beau comme de penser toujours à de belles choses! Un marchand ne pourrait pas poser un Père Éternel pour Michel-Ange, une fille de l'Opéra une Madone pour Masaccio. La physionomie de tout s'est graduellement effacée. Nous en sommes tombés à ce degré d'affadissement que nous n'avons pas même assez de puissance pour être des scélérats. Notre monde décrépit agonise : *De profundis* sur lui!

(Le *Cabinet de lecture,* 14 juin 1832.)

SCÈNES POPULAIRES

DE

HENRI MONNIER

SCÈNES POPULAIRES

DE HENRI MONNIER

I

Les *Scènes populaires* de M. Monnier nous appartiennent et rentrent nécessairement dans notre cadre par la forme dramatique que leur a donnée l'auteur. M. Monnier, observateur original, exprimant par des rapports extérieurs des observations souvent profondes, après avoir poursuivi certains types de ridicule dans ses dessins et dans ses livres, a fini par se faire acteur pour les traduire sur la scène. Aussi, les types qu'il a choisis et qu'il présente sont-ils devenus populaires. La sottise suffisante de Prudhomme, professeur d'écriture, expert assermenté près les cours et tribunaux, élève de Brart et Saint-Omer, la coquetterie surannée de l'amant de la Gaussin ont été applaudies par tout le monde.

Le second volume des *Scènes populaires* contient trois petites comédies : le *Voyage en diligence*, la *Garde-malade* et *Un Intérieur de bureau*.

Dans le *Voyage en diligence* quatre drames simultanés se passent sur l'impériale, dans le coupé, dans l'intérieur et dans la rotonde ; comme l'espace que nous nous sommes réservé ne nous permet pas de reproduire tous les détails par lesquels l'auteur met ses personnages en scène, nous nous contenterons de donner les portraits gravés des principaux voyageurs. Nous connaissons déjà M. Prudhomme.

M. Prudhomme arrive trop tard, il court, *il n'a pas un fil de sec;* les voyageurs, le conducteur le gourmandent; M. Prudhomme marche sur le pied d'un de ses compagnons. Il lui demande *un million de pardons;* s'il lui a écrasé les pieds, c'est par un cas fortuit, bien indépendant de sa volonté. Le voyageur continue à se plaindre. M. Prudhomme ajoute : *Ceci est une leçon pour moi, monsieur, une bien grande leçon.*

Voici la tête de M. Bourdin fils, jeune commis épicier, qui était venu à Paris pour s'amuser.

Nous vous présentons maintenant une vieille dame, son chien et sa bonne; M. Mignolet, propriétaire ; M. Adrien, commis voyageur, bon garçon, sans souci, sans façon, sans esprit, très connu sur la route, tutoyant les postillons et sachant le nom de leurs enfants et celui des chevaux; il est fort lié avec un certain mendiant crétin auquel il fait faire mille singeries.

Une foule de mots vrais, de scènes comiques charment, du moins pour le lecteur, l'ennui du voyage ; aucun des incidents fâcheux n'est oublié ; il y a de quoi faire ajourner indéfiniment au lecteur le plus agréable voyage. Plus d'un bourgeois, après cette lecture, attendra pour aller voir la mer que ses moyens lui permettent d'avoir une chaise de poste.

La *Garde-malade* est un tableau à la fois triste et grotesque des derniers moments d'un pauvre homme livré à l'indifférence d'un médecin et à la haine d'une garde-malade qui lui reproche de ne pas mourir assez vite.

L'*Intérieur de bureau* n'est pas moins vrai que les autres tableaux ; mais une analyse ne donnerait qu'une fausse idée de ces petites scènes dont les détails sont à la fois si fins, si charmants et si cruels, et nous conseillons au public de tout lire, car il nous faudrait tout citer.

Une observation générale que l'on peut faire sur les comiques de grande portée, c'est qu'il y a toujours quelque chose de triste au fond de leurs ouvrages. Il suffit d'une blessure au cœur ou à l'esprit pour qu'un écrivain, en reproduisant ses impressions, fasse répandre des larmes ; mais tout le dédain et le mépris pour l'humanité des auteurs comiques dont les écrits doivent rester ont été achetés par bien des déceptions et bien des douleurs. Il y a quelque chose d'âcre sous certains rires qui fait plus de mal cent fois que les douleurs cadencées de l'élégie.

II

La première chose qui s'offre aux yeux en ouvrant le premier volume d'Henri Monnier, c'est la signature et le parafe de M. Joseph Prudhomme.

Ce parafe est un caractère tout entier et pourrait, dans l'écriture hiéroglyphique, devenir le signe représentatif d'imbécile et de maître d'écriture. Comme ces traits laborieusement enchevêtrés les uns dans les autres représentent la phraséologie embarrassée et diffuse du digne expert assermenté près les tribunaux ! Toute l'éloquence de M. Prudhomme est contenue dans cette volute, qui fait de si longs et si complaisants retours sur elle-même ; ces cinq points, pesamment appuyés entre deux barres, symbolisent très finement la solennité et l'importance que l'élève de Brart et Saint-Omer attache à ses moindres actes ; le zigzag, si capricieusement erratique, décrit par le bâton du caporal Trimm me paraît seul pouvoir lutter avec ce merveilleux parafe. Il n'y avait que Sterne qui pût dessiner l'un, et il n'y avait que Henri Monnier qui pût jeter l'autre à main levée sur papier à ministre, et avec un bout d'aile du côté droit. Nous avons vu la signature, voici l'homme : c'est déjà une vieille connaissance. Derrière ce majestueux col d'habit, si soigneusement brossé, s'élève un mur de toile empesée, un triomphal et gigantesque col de chemise d'une construction cyclopéenne, plus démesuré à lui seul qu'un col d'épicier, de garde national et de marchand de bougies *sebaclares* ensemble; un col titanique!... Et puis, en cherchant bien, on découvre un nez chargé de lunettes à doubles branches et une manière de figure qui est l'accessoire de ce col; quelques cheveux, capricants et biscornus, se hérissent fantasquement au sommet de l'édifice, dont ils sont comme les broussailles et les plantes parasites; tout cela réuni compose M. Joseph Prudhomme.

Cette chaufferette, ce tas de jupons, tous ces fichus superposés les uns sur les autres, ce bonnet dont la garniture pend comme une feuille de chou flétrie, ou comme l'oreille d'un éléphant; cette griffe qui tient un livre gras, déchiré, décousu, rompu à tous ses plis; ces besicles de corne, posées à cheval, vous représentent au naturel la brave Mme Desjardins, portière, lisant à haute voix, comme ayant l'haleine la plus forte de la société, un très célèbre et très récréatif roman, intitulé : *Cælina* ou *l'Enfant du ministère*; elle a l'air convenable et digne; elle est décorée du cordon de son ordre. En ce moment, elle épelle un mot difficile, un mot d'auteur, comme elle les appelle, et c'est ce qui lui donne un air un peu soucieux.

Ne crains rien, fidèle carlin, on ne te séparera pas de ta maîtresse : tu es un type aussi, honnête chien, ni plus ni moins que M. Prudhomme ; que ton museau est noir et que tes babines sont foncées et peaussues ! quelle mine insolente et plate tu as en même temps ! tu as presque l'air d'un homme ; ton cou est chargé d'un triple pli, ta poitrine est si large et ton ventre si hippopotamique, que tes petites jambes grêles et courtes s'affaissent et s'écartent sous ton poids ; tu ressembles à un tonneau posé sur quatre allumettes ; tu sues la graisse par tous les pores, et il faudra bientôt faire des crevés à ta peau, comme à un pourpoint espagnol, si l'on ne veut pas que tu y pètes. Maintenant que l'on t'a vu et que tu as fait le beau devant le monde, tu peux t'aller coucher.

Voici le jeune M. Adolphe Desjardins, héritier présomptif de la couronne ; il est plus connu sous le nom de Dodoffe. Il n'est pas besoin de vous dire que ce charmant enfant est le plus grand vaurien du monde : sa casquette est posée de travers, son gilet lui remonte jusque sous le menton, sa culotte est la parfaite antithèse de son gilet ; elle est à moitié boutonnée et semble près de choir ; une chemise fort sale profite de l'interstice pour mettre le nez à la fenêtre. Le parement de sa veste, gras et luisant comme s'il était verni, fait conjecturer que son mouchoir doit être très propre.

Ne vous étonnez pas de voir Mlle Reine dans la loge : *monsieur* dîne en ville. Mlle Reine est gouvernante d'un homme *seul*. C'est une personne qui a trente ans peut-être, mais qui, à coup sûr, n'en a pas plus de trente-cinq; elle est grassouillette, proprette, discrète, parlant peu, souriant souvent, bien chaussée, bien corsée, bien frisée, mais tout cela d'une manière modeste et convenable, ainsi que doit être la gouvernante d'un homme qui reçoit M. le curé.

Cette redingote à la propriétaire, d'où sort une voix de basse-taille, est celle de M. Joseph Prudhomme, qui ne peut parvenir à traverser la cour avec son rat allumé, mais qui s'en console en songeant que tout finit par s'éteindre dans la nature et que le rat est l'image de la vie. Idée philosophique, neuve et profonde.

Maintenant, si nous sortons de la loge et que nous allions dans la rue, nous y rencontrerons d'abord M. Lolo, gamin de Paris de son état et employé aux trognons.

Un an plus tard, le jeune Lolo a dû immanquablement être un héros de Juillet et faire partie de la *Sainte canaille*, célébrée par M. Barbier. Le premier pavé arraché doit l'avoir été par lui; c'est lui qui a coupé la ficelle de la première lanterne brisée; le premier gendarme tué, c'est lui qui l'a tué, car il a une vieille dent contre le gendarme, quoiqu'il l'appelle mon officier et se dise son protégé; il a un bonnet de police très renversé en arrière, des anneaux aux oreilles, des souliers éculés, un tablier profondément dentelé; il se balance sur ses reins avec un léger mouvement de cancan; il a les coudes en dehors et figure avec ses mains une des passes de la savate où il est maître juré; sa face est ramassée, pétulante et cynique, et la protubérance batailleuse est très développée chez lui; il est légèrement artiste et charge les murs d'une foule de croquis anacréontiques. Fouillez dans sa poche, vous y trouverez un morceau de crayon rouge avec quoi il écrit derrière tous les corps de garde : *Credeville voleur.* Vous devinez sans doute ce qu'il dit, à l'expression de sa figure; il appelle son camarade : Ohé Titi! et l'invite à aller voir guillotiner.

Rentrons à la maison, et montons chez M. Joly.

Il a l'air pensif et soucieux, ce bon M. Joly; il tient d'une main sa tabatière et de l'autre une prise de tabac qu'il a fortement comprimée entre le pouce et l'index. Il est cinq heures, et la tourte commandée chez le pâtissier du coin n'est pas encore arrivée. Les manches de sa chemise sont retroussées jusqu'au coude, car il a fallu déménager la chambre à coucher de Mme Joly pour en faire un salon; c'est lui qui a démonté le lit et emporté la commode; aussi est-il fort las et envoie-t-il tout bas sa femme et ses convives à tous les diables.

Vous voyez là une petite fille, Fanny, et une grande dame, Mme de Saint-Hippolyte, rien moins que cela. Cependant, si aristocrates que nous soyons, cette fois, nous commencerons par la petite. Nous ne sommes pas du goût de M. Charles, et nous préférons de beaucoup celle-ci à l'autre, bien qu'elle écrive des lettres carrées sur du papier à écolier, fermées de trois pains à cacheter et remplies de fautes d'orthographe. Elle est fort charmante avec son petit bibi, son châle tartan, son tablier de taffetas noir, son bas de coton bien tiré et ses petites mains sans gants croisées sur sa modestie. Elle doit être ou mercière, ou brodeuse, ou lingère, ou quelque chose comme cela. Elle grasseye en parlant, dit *facé* pour fâché et *ze* pour je, petites façons d'enfant qui lui vont fort bien, parce que ce n'est en effet qu'une enfant. Il y a longtemps que Mme Saint-Hippolyte ne l'est plus ; elle a l'air ignoble et effronté ; sa toilette est d'une richesse lourde et mal entendue. L'on voit à son cou la grosse chaîne d'or qui a fait une si profonde impression sur le cœur de Charles. Elle est en toilette de bal, prête à recevoir son monde. C'est une singulière maison que la sienne. On y trouve à toute heure une population de je ne sais qui, venant je ne sais d'où, qui y font je ne sais quoi, et que reçoit également bien le débonnaire M. Duflot, maître de céans.

Cet homme qui laisse choir si désespérément sa tête sur sa poitrine, et dont la lèvre inférieure fait une si piteuse saillie, c'est M. Laserre, employé, supprimé pour opinion, la victime du corridor. Il est en butte à l'inimitié de la célèbre Mme Potain, qui a été élevée chez les MM. de Montigny. Il vient de recevoir l'injonction de ne plus mettre son fourneau devant sa porte et d'ôter son petit jardin de dessus sa fenêtre ; où mettra-t-il son jardin et son fourneau ? Sur son lit, sur sa chaise ? où se mettra-t-il lui-même ? Voilà ce que c'est que d'avoir voulu continuer à prendre votre lait chez la même laitière. Au reste, lecteur et lectrice sensibles, ne vous affectez pas trop du chagrin de ce pauvre homme ; une reconnaissance finale arrangera tout, et il ne sera pas forcé d'arracher ses capucines et ses giroflées.

Le volume se termine par un proverbe intitulé : les *Bourgeois campagnards* où *Il ne faut pas sauter plus haut que les jambes*. Il n'y a malheureusement pas de vignettes. Il est vrai qu'il peut s'en passer, car tout y est si finement observé et rendu, qu'il vous semble voir et entendre les personnes mêmes. Je ne crois pas que l'on ait jamais rien fait de plus *nature*, dans la stricte acception du mot, que les *Scènes* de Henri Monnier. Au premier aspect, cela ne vous paraît pas plus drôle ni plus amusant que ce que l'on entend tous les jours, et l'on se demande pourquoi un homme de tant d'esprit écrit de pareilles choses. En poursuivant sa lecture, on se trouve saisi par cet accent d'inimitable vérité, au point que l'on n'ose plus parler, de peur de voir sa conversation s'imprimer toute seule à la suite du volume. J'avoue qu'il m'est impossible de comprendre la façon dont Henri Monnier procède et le point de vue où il se met. Ce qu'il fait n'est ni lyrique ni dramatique, ni comique même. C'est la chose, rien de plus, rien de moins. Un écho ne serait pas plus juste. Je ne pense pas que M. Monnier ait jamais été épicier et maître d'écriture, portière ou fille entretenue, que je sache, du moins. Alors, je pense qu'il a le diable au corps. C'est la solution la plus satisfaisante que je puisse trouver à ce problème.

(Le *Monde dramatique*, 23 et 30 mai 1835.)

VOYAGES LITTÉRAIRES

VOYAGES LITTÉRAIRES

Nous avons en France une certaine manie d'imitation et de vogue qui a de tout temps nui aux mouvements progressifs de l'esprit, dans tous les sens. Pour ne parler ici que de la littérature, si nous remontons un peu haut, nous la verrons procéder par phases, par systèmes toujours bien tranchés, toujours exclusifs et toujours universellement suivis. Le xviie siècle et assez d'autres ont développé ces catégories avant nous. Le xviie siècle nous apparaît avec sa poétique complète renouvelée des Grecs. L'inspiration est uniforme. La Fontaine imite Phèdre, Boileau imite Juvénal. Depuis le chansonnier jusqu'au poète épique, tout le monde chausse la sandale sous ses canons, ajuste un lambeau de pourpre à son rabat, et pose un laurier mythologique sur sa perruque. Le grand roi lui-même, sur les gravures de frontispice et sur les monuments publics, dissimule son haut-de-chausses sous une cotte de mailles romaine. Les génies excentriques s'étouffent ou subissent la loi commune, et toute fantaisie originale se perd. Le xviiie siècle arrive, un branle nouveau est donné aux esprits, et tout s'imprègne de la philosophie nouvelle ; elle monte sur le théâtre, elle se glisse dans le roman, elle envahit l'épopée, elle montre le nez jusque dans les alcôves des petits contes licencieux. Le poëte, le rhéteur, le grammairien, l'historien, tout le monde est philosophe, tout le monde n'a plus qu'une idée ; nous passons les modes de détails ; les engouements passagers, les petits vers, les petits livres, les petits écrits sont fondus dans un même moule.

Nous voici à la littérature de la Révolution, littérature antithétique, s'il en fût, littérature *sensible* et philanthropique en raison de la fureur des égorgements au dedans et au dehors. Ici, et tandis qu'on se massacre aux prisons, qu'on se dénonce aux comités, qu'on se mitraille dans les plaines, surgit, avec M. Bernardin de Saint-Pierre et M. Bouilly, une série de drames vertueux, de fils reconnaissants, de serviteurs fidèles et d'excellents parents à tous les dégrés. C'est un déluge de pleurs. Les auteurs et les héros, à défaut d'autres, méritent le prix Montyon ; les héroïnes sont des rosières, et la morale en action est la seule esthétique connue. Nous traversons ensuite, pour arriver à la nôtre, des périodes si ternes que la couleur échappe. Remarquons seulement en passant que, pendant que nous nous laissons aller à des routines si désastreuses, l'Allemagne, libre dans ses allures, nourrit des élans divergents qui la couvrent à la fois de productions magnifiques et originales. A prendre notre littérature, en 1832, nous pouvons encore laisser à part l'école *intime*, l'école *passionnée* d'*Antony*, l'école *cadavre*, pour nous arrêter à la fièvre du *moyen âge*, qui a engendré la *couleur locale*, qui a engendré les *voyages* dont il s'agit ici.

Quoiqu'il ne soit pas nécessaire de connaître les lieux pour en parler, comme disait Figaro et comme l'ont prouvé beaucoup de voyageurs, les plus consciencieux d'entre les auteurs qui n'avaient jamais quitté la rue Tirechappe ou le quai Malaquais ont jugé convenable de s'assurer enfin si les pays dont ils parlaient si souvent existaient en effet.

Des contrées jusqu'alors caressées par les imaginations ont attiré d'illustres pèlerinages. Les classes lettrées ont inondé les routes comme les familles anglaises. Il est entré un ou deux hommes de lettres dans la composition de toute diligence, comme il y entre un commis voyageur, et avec une mission à peu près pareille. A ce besoin d'aller chercher loin des *impressions* qui impliquent qu'on en manque où l'on est, à ce pitoyable engouement de *pittores-*

que et de *couleur locale* dont notre époque est affligée, s'est bientôt jointe la curiosité naturelle qui pousse aux voyages, et dès lors les émigrations ont été générales. Tout le monde est parti pour aller se draper en Child-Harold aux lieux célèbres, les uns en patache, les autres en voiture de poste et beaucoup à pied.

Il s'est levé à cette occasion une nuée de touristes de bas étage en proie aux monomanies *artistes*, qui s'est abattue sur les campagnes comme une plaie d'Égypte, et dont il serait aussi urgent de purger les routes royales que des malfaiteurs et des vagabonds.. Des garçons perruquiers en tour de France, des poètes de département et des peintres en bâtiment se sont imaginé qu'il suffisait de s'enjuponner d'une blouse, de manger du fromage aux hôtelleries et de n'avoir pas un sou dans sa poche pour voyager en *artistes*. On rencontre sur toutes les routes de pauvres jeunes gens qui se sont crus obligés, par amour de l'art, de quitter leur foyer et d'aller braver au loin les plus cruelles extrémités, avec un album littéralement blanc sous le bras. L'autorité n'y veille pas assez ; ce titre d'*artiste*, à la façon dont on l'entend, peut servir à déguiser les désordres et les professions les plus funestes, et l'on devrait dûment mener à la prison la plus proche les piétons mal vêtus qui n'en ont pas d'autre. Cela serait souvent un bien dans tous les cas. A défaut de la gendarmerie trop tolérante, la Providence, qui veille sur tous, prend soin de ces enfants prodigues de grand chemin, qui heureusement n'ont jamais rien peint ni rien écrit. Les éléments conjurés mènent ordinairement à mal leurs échappées de la maison paternelle, et leurs *impressions* se réduisent à la soif, à la faim, le froid, le chaud, et mille autres qu'ils se garderaient d'imprimer. Ils sortent un matin de chez eux, armés de toutes pièces, sac au dos, guêtres aux pieds, et gagnent la rase campagne comme Don Quichotte à sa première sortie dans la plaine de Montiel ; car c'est là le véritable don quichottisme de notre temps ; rien n'y manque, ni les moulins pris pour des géants, ni les pigeonniers pris pour des donjons. A peine en plein air, ils tombent en extase devant ce ciel, bien plus pur que celui des capitales ; après quoi, il se ferait autant de volumes de leurs mésaventures que de celles du bon chevalier. Une première pluie les refroidit. Les œufs pourris d'un cabaret les restaurent peu. Les matelas du roulier les rétablissent mal.

La fatigue leur voile à demi les charmes du paysage, une chute dans un bourbier les leur dissimule totalement. L'argent et l'enthousiasme diminuent peu à peu. L'enthousiasme surtout est sujet à se transformer en sensations plus poignantes. S'ils sont surpris la nuit et égarés dans un marais, ici leur poésie tourne au lugubre et à l'élégiaque ; ils deviennent complètement insensibles aux beautés sauvages du lieu. Les habitants de mœurs inconnues et les plus féroces quadrupèdes leur deviennent de médiocres curiosités. Ils oublient de prendre note des plus rares productions végétales, et on en a vu dans cette position déplorer leur voyage en termes amers.

S'ils approchent ensuite d'une ville curieuse et monumentale, ils se hâtent pour s'y reposer. Ils y passent deux jours à dormir, à se rétablir, et le troisième une place prudemment retenue à la diligence les oblige à partir. On sait combien les influences physiques modifient les élans de l'esprit; combien les souffrances du corps rendent insensible aux chefs-d'œuvre des arts. Or, jamais les voyageurs dont nous parlons ne les ont autant méprisés que durant cette période culminante de leur enthousiasme. Ils n'ont jamais voulu voir et jamais moins vu que durant le seul temps de leur vie où ils ont voyagé exprès. Ils sacrifient volontiers une belle cathédrale à un bouillon d'auberge. Ils abandonnent un superbe site pour une demi-heure de sommeil, et les plus magnifiques murailles s'abaissent à leurs yeux à une si piètre valeur, qu'ils se refusent à faire douze pas pour y aller. Ils achèvent ainsi leur voyage et reviennent chez eux avec un fonds de récits d'autant plus inépuisable qu'ils n'ont rien vu et qu'ils peuvent parler de tout sur le même pied.

Il y a ensuite la catégorie des touristes littéraires à qui leurs moyens permettent malheureusement de visiter plus exactement l'étranger pour n'en rien dire et n'en rien savoir de plus. Ceux-là voyagent en poste, s'arrêtent juste aux lieux signalés et étudient fructueusement les mœurs du pays sur leur postillon, qui est généralement Français. De plus, on ne leur parle que français, on ne les sert qu'à la française; il ne leur est même pas donné de reconnaître les barbarismes employés en citations dans leurs livres. On sait d'ailleurs à quelles tristes réalités se sont allées heurter leurs imaginations. On sait combien de *ciels bleus* se sont trouvés gris, sous combien de *soleils de plomb* ils ont été se morfondre comme nos soldats d'Afrique. On sait quelles terribles fautes ils ont pu découvrir dans les ouvrages antérieurs, car les mœurs locales sont mortes. Les villes d'Italie ont de grandes affinités avec nos boulevards ; il y gèle et il y pleut, contrairement à l'opinion ordinaire. On n'y sait pas ce que c'est qu'un stylet, et le meurtre y est puni de mort. Il y a en général moins de brigands qu'à Paris, et l'on n'est pas plus souvent arrêté en Calabre que dans la rue du Grand-Hurleur.

Venise, cette reine de l'Adriatique, baigne les pieds de marbre de ses palais dans une eau aussi bourbeuse que le canal de la Villette ; ses gondoliers y chantent par les belles nuits sur les lagunes :

« *Guernadier, que tu m'affliges,* » et l'on ne voit sur la place Saint-Marc que quelques voyageurs munis de passeports sous leurs manteaux, qui se font peur les uns aux autres en grommelant quelques tirades du *Bravo* de la Porte-Saint-Martin.

Naples, cette magnifique indolente couchée sous son beau ciel, n'offre guère plus d'attraits exotiques que les vaudevilles de M. Scribe et un quatrain de M. Delavigne sur le livre de l'Ermite du Vésuve. On n'y parle après le français qu'une langue étrangère, qui est l'anglais. Les pêcheurs y sont convenablement vêtus et dorment plus volontiers à l'ombre qu'au soleil. La mandoline y est inconnue, et l'on n'y danse guère, au lieu de la *tarentelle*, qu'un demi-*cancan* qui serait réprouvé comme d'une austérité ridicule à la barrière des Deux-Moulins. Quant à la Suisse, on sait qu'on n'y va plus qu'en négligé du matin et qu'on y rencontre ses amis comme au bois de Boulogne.

Cet affaiblissement des mœurs originales devait rendre la tâche des voyageurs inutile, et pourtant ils ne l'en ont pas moins si bien faite, que grâce à eux nous savons beaucoup mieux que les Italiens et les Orientaux ce qui se passe chez eux, et ce qui ne s'y passe pas, et ce qui devrait s'y passer. Il y a eu complet échange. Plus les étrangers devenaient Français, plus nous sommes devenus étrangers, et, par les modes littéraires qui courent, les nations voisines, qui ignorent leurs mœurs, trouveraient à s'en instruire exactement ici. On fume beaucoup plus de tabac levantin dans nos estaminets qu'en aucun caravansérail d'Orient. On boit plus de thé dans la Chaussée-d'Antin que dans tout le Céleste Empire. Les cabinets des amateurs renferment plus d'ustensiles curieux et de babioles exotiques qu'il ne s'en est jamais fabriqué dans aucun pays. C'est là que les fines Andalouses retrouveraient les dards de guêpe qu'elles ne portent plus, et les Chinoises leurs mignonnes pantoufles, perdues comme celle de Cendrillon. C'est là que les *bravi* pourraient connaître les longs stylets avec lesquels ils n'ont jamais tué personne ; il n'y a plus que nous qui nous en servions, ou plutôt qui ne nous en servions pas, comme il n'y a plus que nous qui fumions de l'opium ; nous avons déshabillé tout le genre humain pour nous travestir en carnaval.

Nous avons dépouillé tous les bandits des Apennins et leur défroque pend en trophée à nos portemanteaux. Nous avons pris les burnous arabes pour faire des couvre-pieds, des turbans d'Égypte pour faire des rideaux et des résilles d'Espagne en guise de bonnets de coton. Nous coupons notre pain avec des criss de Java, nous portons des amulettes indiennes en breloque de montre, et on danse la cachucha sur nos théâtres et aux bals Musard. Que diable reste-t-il donc aux voyageurs à nous dire ? Que n'ignorons-nous pas de notre pays, et que ne savons-nous pas des autres, de façon à y suppléer, tant ils se ressemblent tous !

Cela est si vrai que les touristes consciencieux, qui ont voulu n'écrire que ce qu'ils voyaient, n'ont rapporté de leurs voyages que des récits d'une extrême pâleur. Ils en sont tous réduits, pour la plupart, à moins qu'ils ne se jettent dans la statistique, à compter les arbres de la route, à rapporter les enseignes des auberges, à consigner leurs dialogues avec les servantes, les postillons et les mendiants de grand chemin. Leurs descriptions ne dépassent pas ordinairement le cadre d'un store ou d'une fenêtre. S'ils signalent un objet curieux, c'est ordinairement un nouvel appareil d'usine, ou une cheminée de fonderie de nouvelle invention.

Entre Milan et Florence, ils découvrent une femme qui allaite son enfant sur le seuil de sa porte. La maison est crépie à la chaux, le toit est en tuile, l'enfant est rouge, le sein noir, à peu près comme en France. Plus loin, c'est un homme qui sarcle une vigne ; cet homme est à peu près vêtu d'une chemise blanche et d'un pantalon noisette ; la vigne est verte comme en France. Du reste, les habitants sont blonds et bruns, les paysannes sont laides, les aubergistes vous volent, le ciel est bleu ou gris, la route est pavée, les champs sont cultivés, les pauvres sont pieds nus, il fait chaud ou il fait froid, absolument comme en France. Ce que pressentant sans doute, mille *rapins* littéraires, que d'excellentes raisons empêchent de faire de longs voyages, et qui n'en ont pas moins envie de les raconter à l'instar des maîtres, se sont répandus à la hâte dans la banlieue de Paris, avec leurs plumes et leurs crayons.

Ceux-là vont à Neuilly, à Belleville, à Saint-Mandé et même jusqu'à Pantin, selon que leurs moyens le leur permettent. Ils décrivent, dès la barrière, l'attelage d'une charrette de roulage qu'ils ont vu passer ; ils immortalisent par leurs écrits les beautés de Gentilly ou des Prés-Saint-Gervais ; ils se passionnent pour les potagers voisins ; ils s'enivrent d'air, de soleil, de pittoresque, passent quinze jours sous ce beau ciel, en pension chez un nourrisseur, et reviennent conter leurs longs pèlerinages aux foyers amis.

D'autres ont encore trouvé le moyen d'assouvir leurs nobles instincts plus largement et à moins de frais. Nous voulons parler de cette classe intrépide et hardie de jeunes voyageurs qui s'enferment tout simplement dans leurs chambres, et qui y écrivent un voyage à Smyrne ou en Palestine. Voilà les vrais, les consciencieux voyageurs, ceux que nous aimons et que nous estimons. Que de recherches ! que de notes ! que de versions comparées et qui valent cent fois mieux que le simple aperçu d'un seul homme !

Il vient de nous en tomber un exemple sous les yeux ; un jeune homme, dès longtemps séduit par les tournées de Byron, de Chateaubriand et de Lamartine, disparut tout à coup. Ses amis inquiets s'informèrent ; il avait annoncé un long voyage et son logement était vide ; on le crut parti ; il était parti, en effet, mais il s'était arrêté rue de la Roquette, où le portier avait ordre de le tenir aussi écarté de tout visage compatriote que s'il était en pleine Méditerranée. Il demeura là six mois, cloîtré comme un cénobite et guère mieux nourri, sans aucune distraction des magnifiques spectacles qui se déroulaient devant lui. Après quoi, il sortit de sa mansarde. Il avait achevé heureusement son voyage, qu'on annonce ces jours-ci sous ce titre : *Souvenirs et impressions de voyage en Italie, en Sicile et en Orient.* On dit ce voyage empreint de la véritable couleur des lieux et tout semé d'observations fraîches et palpitantes. Nous l'examinerons avec fruit à son apparition.

(*La Charte de 1830,* 6 janvier 1837.)

EXCELLENCE DE LA POÉSIE

EXCELLENCE DE LA POÉSIE

L'on prétend aujourd'hui que rien n'est plus facile que de faire des vers ; que tout le monde en fait, et de très passables ; qu'il n'y a pas d'écolier de rhétorique qui n'ait en poche un volume de mélodies, d'harmonies, de désolations, de révélations, de préludes, d'essais, et autres mélanges plus ou moins insipides ; cela est vrai comme de dire que tout le monde a de l'esprit, autre assertion fort à la mode, et qui explique pourquoi l'on ne voit paraître et l'on n'entend dire que des sottises.

Il n'est pas facile de faire des vers. Des gens de beaucoup d'esprit, de beaucoup de science, ou pour parler comme maintenant, des gens de grand cœur et de grand style, n'ont jamais pu réussir à tourner comme il faut un distique ou un quatrain. Outre l'abondance d'idées, la connaissance de la langue et le don de l'image, il faut un certain sens intime, une disposition secrète, quelque chose qui ne s'acquiert pas et qui tient au tempérament propre et à l'idiosyncrasie; car si les sciences finissent toujours par ouvrir les portes de leur sanctuaire à qui vient y frapper souvent, la poésie, la musique et la peinture font voir un goût plus dédaigneux et ne se livrent qu'à certaines organisations d'élite. Ce qui ne veut pas dire que l'on devient un grand artiste sans travailler, mais que les plus profondes études qui feraient de vous un savant n'en feront pas un artiste.

C'est pourquoi les arts sont au-dessus des sciences, car il faut joindre aux connaissances acquises un don naturel, une espèce d'intuition instinctive que rien au monde ne peut remplacer, et qui ne se trouve dans aucune académie ni sur aucun marché; je fais en général assez peu de cas des savants; mais j'ai une vénération profonde pour l'artiste véritable, je l'admire comme une belle femme ou un homme heureux. Génie, beauté, bonheur, rayonnante trinité, magnifiques présents que Dieu seul peut faire, qui sont au-dessus de la générosité des rois et que ne sauraient atteindre les plus constants efforts de la volonté humaine.

C'est une vérité que les prosateurs cherchent en vain à se dissimuler sous l'éclat oriental de leur style; ils ne peuvent écrire en vers. Le poète, au contraire, écrit en prose quand il veut descendre à cette besogne, avec une perfection ciselée dont aucun prosateur n'approche. Un chanteur sait parler, mais un orateur ne sait pas chanter. Les oiseaux volent et marchent; les chevaux, si fringante et si fière que soit leur allure, ne peuvent que courir, et le galop du plus fin coureur anglais ne vaut pas le vol d'un aigle; la double nature du poète tient de celle de l'hippogriphe; nul animal de la terre ou du ciel ne peut le devancer à la course ou au vol; son aile a l'envergure plus large et fouette plus vigoureusement l'azur de l'éther que l'aile du condor ou du fabuleux oiseau rock. Son sabot, plus léger que la plante du pied de la légère Camille, fait à peine ployer la pointe des herbes.

Pour preuve de ceci, nous apporterons un nom illustre, un nom éclatant et reconnu de tous, le nom du patriarche de la littérature moderne, le nom de M. de Chateaubriand; assurément, si jamais quelqu'un au monde posséda la grandeur épique, le mouvement, la chaleur, la passion, la magnificence, la puissance d'image et toutes les hautes qualités de la poésie, c'est l'auteur des *Martyrs*, d'*Atala* et de *René* ; jamais prosateur n'eut plus l'apparence d'un poète, et en lisant les belles pages du *Génie du christianisme*, tout le monde se dit involontairement que l'on ferait de beaux vers avec cela; il n'y manque que la rime.

Les poètes sont donc injustement dépréciés par les faiseurs de feuilleton et de pathos utilitaire, et autres petits esprits, qui, parce qu'ils sont stériles et incolores, se croient exacts et judicieux. Les poètes, quand ils voudront, composeront des *premiers-Paris* d'une portée et d'un style bien au-dessus de tout ce que ces messieurs ont confectionné de plus transcendant ; ils feront de la politique, sans les mauvaises figures de rhétorique qui font toute l'éloquence de nos Montesquieu au petit pied.

Ils sont bons à autre chose qu'à rimer des vers, quoique je ne voie pas trop ce qu'on pourrait faire de mieux que de bons vers ; votre prose ne vaut pas la leur, et à vous tous, vous n'êtes pas capables de trouver une de leurs strophes, et votre dédain ressemble un peu trop à celui du renard qui n'avait pas de queue ; car je ne saurais expliquer d'une autre manière l'acharnement de la critique contre la poésie.

En effet, le grand et large style, qui coule comme un fleuve d'Amérique en charriant des îles de fleurs dans son cours harmonieux et lent, ressemble à s'y méprendre à de la poésie ; ces vagues de phrases limpides et sonores font penser aux divines paroles qui abondaient dans la bouche d'Homère, comme dit le poète grec André Chénier. La période est métrique, cadencée, avec des repos et des chutes ménagées à loisir ; ce sont presque des vers blancs ; pour que ce soit tout à fait des vers, pour que le livre devienne un poème et la parole un chant, il ne faut plus que la rime. Rien, moins que rien, trois lettres ou même deux au bout de chaque ligne, qu'est-ce que ça? Barthélemy séparé de Méry, son frère siamois, fait trois cents vers par semaine; il en ferait six cents au besoin.

Cependant M. de Chateaubriand, avec son talent biblique, homérique, *chevaleresque* et royal, n'a jamais pu parvenir à souder convenablement ces trois malencontreuses lettres au bout de sa phrase et a vainement essayé d'ajouter cette pointe aux javelots épiques qu'il décoche de son arc d'argent pareil à celui de Smynthée-Apollon. M. de Chateaubriand a fait des vers, *proh pudor!* des vers mal rythmés, durs et flasques, prosaïques, incorrects, emphatiques, prétentieusement naïfs, des vers d'académie de province!

Sa tragédie de *Moïse* rappelle en beaucoup d'endroits l'*Omasis* de Baour-Lormian et l'*Abufar* de Ducis, et, malgré la profusion orientale de chameaux, de gazelles et de palmiers, n'a rien de biblique que le nom. Les vers sont pour M. de Chateaubriand ce que sont au soleil les taches noires que les astronomes découvrent avec leur télescope; le soleil n'en est pas moins le soleil, et M. de Chateaubriand M. de Chateaubriand.— Cependant les taches sont des taches, et les mauvais vers sont de mauvais vers, quand ce serait Phœbus ou Dieu lui-même qui les aurait faits, et je crois que l'on peut dire, avec tout le respect que l'on doit à une magnifique renommée et à un immense talent, que M. de Chateaubriand, ce grand prosateur poétique, est un exécrable et ridicule poète.

M. Jules Janin, qui, malgré l'effroyable gaspillage qu'il fait de son talent, n'en est pas moins un des littérateurs les plus distingués de l'époque, a eu plus de bonheur ou plus de prudence que M. de Chateaubriand ; il n'a jamais pu faire de vers ou du moins je n'en connais pas un seul de lui ; quand il a eu besoin de quelques strophes dans ses romans, il les a tout bonnement demandées à ses amis, à Frédéric Soulié le Dramatique et à Barbier l'Iambique. Et pourtant M. Jules Janin, avec sa phrase souple, nombreuse, colorée, toute diaprée d'images, paraît avoir tout ce qu'il faut pour faire un poète ; mais les perles qu'il égrène à pleines mains ne sont pas percées et ne peuvent être réunies par le fil d'or du rythme.

George Sand, l'écrivain hermaphrodite, dont les romans sont d'une poésie si exaltée, a mis dans *Lélia*, cette grande ode, un hymne intitulé *Inno Ebrioso*, ce qui veut dire en style moins prétentieux, chanson à boire. Cet hymne, ou cette chanson, comme on voudra, est parfaitement détestable. Quelques-uns l'attribuent à M. Gustave Planche, ce qui ne ferait que déplacer la question ; car M. Gustave

Planche, malgré une sécheresse sévère qui lui est propre, est un prosateur distingué et un critique d'un goût assez fin, qui sait mieux que personne comment ne se font pas les mauvais vers, s'il ne sait pas comment se font les bons. On sait aussi ce qu'il est advenu lorsque le grand mystique Edgard Quinet, le chantre d'*Ashaverus*, s'est mis à rimer pour avoir l'auréole complète.

Les exemples contraires sont très nombreux. M. Hugo, le poète des *Odes et ballades*, des *Orientales*, d'*Hernani*, de *Marion Delorme*, l'homme qui a le plus approché de Corneille, et qui est incontestablement le premier lyrique francais, a une prose non moins belle que ses vers, une prose sculpturale, d'une fermeté et d'une vigueur qui ne sont surpassées par personne; il quitte indifféremment la lyre pour la plume et la plume pour la lyre. Sa phrase est aussi belle que son vers, proportion gardée de la différence des matières qu'il travaille ; le diamant vaut toujours mieux que le cristal. Le diamant coupe le cristal, ce que le cristal ne saurait faire au diamant, quoiqu'il ait en apparence la même eau, la même limpidité et les mêmes feux.

M. de Lamartine écrit en prose avec éloquence et facilité ; l'auteur de *Joseph Delorme* et des *Consolations* se distingue par le vétilleux travail et l'acutesse délicate de sa phraséologie. M. Alfred de Vigny à fait *Cinq-Mars*, qui vaut bien *Eloa*. Les comédies en prose de M. Alfred de Musset ont tout le laisser-aller, toute l'élégance insolente et le caprice spirituel des *Contes d'Espagne et d'Italie*. On pourrait pousser ce rapprochement beaucoup plus loin et citer bien d'autres noms; mais je pense que ceux-ci suffisent, et de reste.

Quand même de la belle prose vaudrait de beaux vers, ce que je nie, le mérite de la difficulté vaincue doit-il être compté pour rien? Je sais que beaucoup de gens disent que la difficulté ne fait rien à la chose; cependant qu'est-ce que l'art, sinon le moyen de surmonter les obstacles que la nature oppose à la cristallisation de la pensée, et si cela était facile, où seraient donc le mérite et la gloire? Nous réclamons donc pour le poète le trône le plus élevé dans l'Olympe des supériorités de la pensée humaine; le poète absolu et arrivé au degré le plus inaccessible de perfection serait aussi grand que Dieu, et Dieu n'est peut-être que le premier poète du monde.

(*La Charte de 1830*, 16 janvier 1837.)

SCULPTEURS CONTEMPORAINS

———

M. ANTONIN MOINE

SCULPTEURS CONTEMPORAINS

M. ANTONIN MOINE

On a souvent prétendu que les gouvernements absolus pouvaient seuls exercer une influence salutaire sur l'art et favoriser avec le plus d'avantages, et sous toutes ses formes, son développement. Pour soutenir cette thèse, les partisans de cette opinion faisaient valoir bien des considérations justes à plus d'un titre. Ainsi, la volonté d'un seul homme, lorsque cet homme était un pharaon, un sultan ou un pape, doué de vues larges et sublimes, exprimées d'une manière nette et énergique et appliquées à un but déterminé, avec des ressources infinies de bras et d'argent, devait produire d'immenses et de magnifiques résultats. Nous sommes loin de contester tout ce qu'il y a de vrai dans cette assertion. Mais, à mesure que de certains critiques poursuivaient cette discussion, ils avançaient des propositions susceptibles d'être controversées d'une façon victorieuse. Ainsi, d'après leurs dires, si l'art, protégé par un gouvernement absolu, semait sur le sol des monuments gigantesques, si la statuaire, la peinture, la sculpture, avec l'aide des richesses sans nombre mises à leur disposition, produisaient d'admirables compositions ; sous un régime de liberté, où la discussion de la chose publique était chaque jour portée au forum, au sénat, au parlement, l'art alors était étouffé, et dans les rares occasions où il pouvait déployer son ingénieuse verve, il ne devait enfanter que des productions étiolées et sans valeur. Telles étaient les conséquences qu'ils tiraient des prémisses qu'ils avaient posées, négligeant, dans l'examen de cette question, tout ce que les artistes de la Grèce, de quelques contrées de l'Orient et de Rome, avaient exécuté de grand et de beau. L'Égypte avec Thèbes, avec ses statues colossales, ses allées de Sphinx et ses pyramides, leur avait fait oublier la Grèce avec Corinthe, Athènes et le Parthénon, et le temple de Thésée et les statues de Phidias. Rome papale avait effacé pour eux la Rome des Gracches et des Césars. Mais notre projet n'est pas de nous occuper de l'antiquité, et nous nous hâtons de porter cette discussion dans un cercle d'idées plus rapprochées de nous.

Le gouvernement constitutionnel, avec ses formes de libre discussion, de contrôle journalier, avec ses tendances à l'économie qui ne sont rien moins dans un état que le sage désir de prévenir les dilapidations, la banqueroute et, par suite, les contributions forcées, a été cité comme devant s'opposer au développement de l'art et même comme devant l'étouffer complétement.

Nous ne perdrons pas notre temps à combattre cette doctrine, car il suffit de jeter un coup d'œil sur ce que le gouvernement, depuis la révolution de Juillet, a commandé, entrepris et terminé de travaux pour être convaincu de la fausseté de la doctrine que nous combattons. Jamais, dans l'espace de sept ans, gouvernement n'a mis comme le nôtre, à la disposition des artistes, des sommes aussi considérables; jamais gouvernement n'a mis, comme le nôtre, un pareil empressement à favoriser par tous les moyens qu'il a en son pouvoir l'architecture, la sculpture, la statuaire et la peinture. Dirai-je ce qui a été fait à la Chambre des députés, au Jardin des Plantes, au Collège de France, à l'Hôtel de ville, au palais du quai d'Orsay, à l'École des beaux-arts, à la Chambre des pairs, à Notre-Dame-de-Lorette, à la place Vendôme, au Panthéon, à la Bastille, à la place de la Concorde, à la barrière de l'Étoile, à la Madeleine?

Parlerai-je de Fontainebleau, des Tuileries, du Palais-Royal, de Versailles? A quoi bon. Toutes ces entreprises n'attestent-elles pas qu'à une habileté et une sagesse profondes le chef de l'État joint une science variée et un goût exquis. Le roi est un des plus grands artistes de l'époque. La restauration de Versailles est une œuvre dont la conception n'a pu éclore que dans le cerveau d'un homme de génie. Ainsi dirigés et favorisés par un prince aussi remarquable, secondés par des ministres habiles et amis de tout ce qui peut rehausser l'éclat du pays qu'ils sont appelés à diriger, les artistes doivent redresser leurs têtes, et, pleins de nobles espérances, d'une vive émulation, poursuivre l'exécution des travaux confiés à leur talent; car jamais, à aucune époque, l'artiste ne fut récompensé si largement, jamais son mérite ne fut aussi tôt apprécié et honoré des plus belles distinctions; et nous, amis de l'ordre et des lois qui ont ramené la paix et la richesse dans notre patrie, nous sommes joyeux et fiers de voir que, quelle que soit la forme sous laquelle l'esprit, l'intelligence, le génie se produit parmi nous, il est encouragé, excité et magnifiquement traité.

Le gouvernement avait une tâche délicate à remplir dans le choix des artistes auxquels il confiait ses travaux; car plus les édifices à élever et à décorer étaient nombreux, plus le gouvernement, dans la distribution des commandes, devait se montrer exigeant et difficile. Car, s'il appelait à lui tous les noms déjà illustres, il ne voulait pas écarter toute cette génération d'artistes qui ne se recommandait encore que par des études fortes et sérieuses et par beaucoup de bonne volonté! Dans une entreprise délicate, comme celle de conserver les anciens talents, d'appeler les nouveaux, d'apprécier, de peser un si grand nombre d'hommes remarquables par tant de titres, les personnes appelées à remplir cette mission y ont apporté généralement beaucoup de mesure, de justice, de tact.

Dans la sculpture, depuis 1830, nous avons vu le gouvernement distinguer particulièrement deux jeunes artistes dont le talent fait concevoir les plus justes espérances. Antonin Moine et Barye se recommandent à l'attention publique par des qualités éminentes, mais bien distinctes les unes des autres. Le premier exprime, d'une façon merveilleuse et exquise, tout ce qu'il y a de grâce, de noblesse, de pureté, de mouvement dans son art; le second est recommandable par l'esprit et la finesse qui animent ses œuvres, par l'adresse déployée dans leur exécution.

Nous analyserons bientôt les productions de M. Barye (1). Pour aujourd'hui, nous ne nous occuperons que de M. Moine.

Ce n'est pas sans intention que nous avons nommé M. Antonin Moine le premier, car il possède des qualités qui lui assurent une supériorité incontestable sur les sculpteurs de la nouvelle école. Pour être un artiste remarquable, il ne suffit pas de compren-

---

(1) Cette promesse ne fut pas tenue; aucun article sur les œuvres de Barye ne se trouve dans *la Charte de 1830*.

dre et de traduire avec esprit et correction une face de l'*art du trait ;* il faut pour former un artiste remarquable, complet, sentir vivement, exprimer avec verve et facilité l'art du trait sous toutes ses faces. Celui qui maniera la brosse et le ciseau avec une égale facilité, celui qui saura asseoir une statue, fouiller le marbre et le cœur de chair, ciseler le bronze, jeter sur la toile des groupes harmonieux et colorés; celui qui, s'élançant loin des sentiers battus, puisera en lui-même son inspiration et, sans le secours d'une intelligence étrangère, rendra d'une façon chaude et nette le sujet qu'il désirait traiter, celui-là, dis-je, sera un artiste remarquable, celui-là, dis-je, sera un artiste complet.

Antonin Moine possède toutes les qualités que nous venons d'énoncer, et c'est pour ce motif que nous n'hésitons pas à le citer comme un des premiers artistes de notre temps. Le public ne connaît guère que ses œuvres de sculpture, et cependant ses travaux en peinture, ses pastels, ses dessins révèlent dans leur auteur un des élèves les plus distingués qui soient sortis de l'atelier de Gros.

Moine est doué d'une telle facilité de composition et d'exécution qu'il dessinerait également un tableau, une décoration monumentale, ou qu'il pétrirait un groupe, cisèlerait un objet de parure. Cette souplesse dans l'esprit et dans la main lui assigne une place à part et une distinction qu'il est bien rare d'accorder de nos jours à un artiste. Les hardies et heureuses modifications que Géricault et Delacroix ont apportées dans la peinture, Moine les a introduites dans la sculpture. Ils ont, les uns et les autres, tourné le dos à l'école de David pour entrer dans une école où *le vrai* sous toutes ses formes, dans toutes les conditions de temps et de lieu est le seul but vers lequel l'artiste doit diriger tous ses efforts et tous ses travaux. Quoique les occasions où Moine aurait pu déployer toutes les ressources de son talent aient été jusqu'à ce jour assez rares pour lui, il n'en a pas moins produit une série d'ouvrages aussi nombreuse que variée.

Les *Lutins*, exécutés en marbre pour le ministère de l'intérieur, forment un bas-relief d'un effet neuf et charmant. L'originalité, l'esprit, la malice, la grâce que révèlent le marbre ont suffi pour assurer à son auteur, de prime abord, une réputation distinguée. Le *Lutin au griffon* est conçu et exécuté dans le même genre. Dans ses médaillons, ses petites têtes d'hommes et de femmes, dans la *Malibran*, le *Bonaparte*, le *Don Quichotte*, les *Consoles*, les *Cavaliers* pour le surtout de Mgr le duc d'Orléans, on retrouve toujours dans la forme la même grâce, le même esprit, la même élégance que dans les œuvres précédentes. Suivant nous, depuis Jean Goujon, on n'a pas exécuté en France de bas-relief comparable à celui que Moine a modelé pour le *Vase de Sèvres*.

Distribution des groupes, entente de la lumière et de la perspective, sage ordonnance dans toutes les parties du bas-relief, simplicité dans la pose des acteurs, correction et naïveté dans l'exécution, telles sont les parties saillantes de cette composition. Le *Buste de la Reine*, pour le ministère de l'intérieur, rappelle, par la vérité de la physionomie et de la pose, les bustes de la Renaissance.

On remarquait à la dernière Exposition les deux figures pour un des bénitiers de la Madeleine ; les deux figures, l'*Église* et la *Foi*, forment une composition hors ligne. Ces statues ont été exposées aux critiques les plus absurdes, mais elles ont mérité les éloges et l'admiration de toutes les personnes qui s'occupent de l'art d'une manière sérieuse et qui en ont fait l'objet d'une étude particulière. On a blâmé le style de ces figures. On voulait de la sculpture *catholique* dans le goût de celle qui décore nos vieilles cathédrales. Mais on oubliait, en parlant de la sorte, que ces statues devaient être placées dans un temple grec, dont on faisait une église, et c'est principalement pour ne pas avoir oublié qu'il travaillait à la décoration du temple de Thésée que nous louons M. Moine du style dont il s'est servi dans cette composition.

En cette circonstance, la *draperie antique* a été reproduite d'une façon surprenante. Puis, que de noblesse, de sainteté et de tristesse dans cette figure de l'*Église!* La légère ride qui sillonne son front nous indique ses regrets, car c'est l'Église militante; beaucoup de ses enfants se sont échappés de ses bras, et elle attend dans une douloureuse résignation le retour des ingrats qui l'ont abandonnée.

Les yeux élevés vers le ciel, la bouche entr'ouverte, la *Foi* semble oublier cette terre, dont elle dédaigne les joies et les plaisirs, pour s'élever dans les régions infinies vers lesquelles la poussent ses immenses désirs d'amour et d'éternité.

L'*Ange du jugement dernier*, pour produire l'effet que l'artiste s'est proposé de lui faire exprimer, était mal placé à l'Exposition. Il faudrait le voir couronnant une chaire où un buffet d'orgues, et alors on pourrait juger du mouvement et de la vigueur empreints dans toutes les parties de cette figure.

Certes, l'artiste qui, dans l'espace de six années, a produit tant d'œuvres diverses et aussi remarquables, mérite d'être noblement encouragé. Le gouvernement l'a appelé à lui; c'est aux ministres à dignement occuper les journées d'un tel homme.

Antonin Moine est un des artistes dont notre siècle doit le plus s'enorgueillir; un bel avenir se prépare pour lui; en s'arrêtant devant un tel choix, les ministres honorent l'artiste; honorent le pays et s'honorent eux-mêmes.

(*La Charte de 1830*, 2 février 1837.)

AU BORD DE L'OCÉAN

AU BORD DE L'OCÉAN

Bien que j'aie fait dans ma vie autant de descriptions que tout autre littérateur, et que j'aie farci mes vers d'une quantité assez raisonnable de comparaisons océaniques, je dois avouer, avec une humilité qui me vaudra sans doute mon pardon, que je n'avais ni vu ni entrevu la mer, il y a de cela six mois tout au plus. Un remords me vint un beau jour agiter la conscience de parler aussi effrontément d'une chose qui m'était parfaitement inconnue, et je crus devoir à ma réputation de descripteur pittoresque d'aller moi-même rendre visite à la mer, puisque la mer paraissait décidée à ne pas venir à moi. Je calculai dans ma tête combien de pages admirables et de périodes ronflantes cela me rapporterait, et je me mis en route. Je vis, comme l'honorable Énée, les mœurs et les villes de beaucoup de pays, si bien qu'un beau jour la terre me manqua sous les pieds (n'allez pas croire que j'aie été pendu, au contraire); je m'arrêtai nécessairement *ubi defuit orbis*, enchanté d'avoir cette ressemblance avec Hercule, faute d'en avoir une autre ; cet endroit se trouva être Ostende, ville assez généralement connue sur la carte des restaurateurs, pour de certaines huîtres dites d'Ostende et que l'on fabrique à Paris comme les biscuits de Reims, attendu que les seules huîtres qu'on trouve à Ostende sont les groseilles à maquereaux.

Dès que l'on m'eut montré la petite bandelette découpée en dents de loup, de toits, de moulins à vent et de clochers qui mordait le bord de la robe grise de l'horizon, et indiquait la fabuleuse ville, je me dis : Allons, regardons bien, écoutons bien nos sensations, et voyons un peu sur nous-même l'effet que l'Océan, cette immensité, produit sur le poète, cette autre immensité.

La première chose que je remarquai, c'est qu'au lieu de descendre comme cela me semblait assez naturel, il fallait monter pour aller à la mer. Un bourgeois officieux, à qui j'en demandai la raison, me répondit que c'était à cause des dunes.

— Je vous demande mille pardons, monsieur, de vous avoir interrompu. — Monsieur, il n'y a pas de quoi, fit-il dans le français hollando-belge qui ressemble à du chinois. Voilà qui commence bien, me dis-je, monter des escaliers pour aller contempler le père Océan. Est-ce qu'il demeure au sixième étage, comme un écrivain du XVIIe siècle? Les dunes sont de petits tas de grès sablonneux pour récurer les casseroles et jeter sur l'écriture quand elle est trop pochée et qu'on craint qu'elle ne sèche pas assez vite. Cela n'a rien de fort majestueux en soi-même, et je trouvai que la *dune* n'avait guère d'autre agrément que de rimer passablement avec *lune* dans les ballades du genre fantastique.

Je fis encore une centaine de pas et j'eus un moment d'hallucination singulière : il me sembla que j'étais à Paris, au bord du bassin de la Villette, quand les eaux sont basses. Je priai G... (1) de me donner un coup de pied au derrière pour me prouver que je ne dormais pas, ce qu'il exécuta religieusement. Alors je compris qu'en effet j'étais bien à Ostende, en flamand Oostence, patrie présumée des huîtres, et à l'endroit même où M. Jules Janin, cet innocent voyageur, prétend avoir vu sur la plage des homards vivants *écarlates*, épithète qui n'appartient assurément qu'à des homards en salade et cardinalisés par la coction.

Des hommes en blouse voituraient de la vase dans des brouettes ; quelques barques à sec, d'un bois rougeâtre, semblables à des sabots énormes laissés dans

---

(1) Gérard de Nerval.

la bourbe par quelque paysan gigantesque, gisaient piteusement sur le côté ; du reste, il n'y avait pas une goutte d'eau salée ou autre.

Je penchai mon oreille au bord du puits de mon âme pour écouter les bouillonnements intérieurs de l'enthousiasme que je devais indispensablement ressentir en présence d'un si magnifique spectacle. Mon âme était aussi calme qu'une chaudière sur un trépied sans feu, et je n'eus pas la moindre peine à contenir mon lyrisme dans les plus justes bornes.

O G..., ô mon spirituel ami ! ô toi qui as vu la Méditerranée, inventée tout récemment, dis-moi si c'est bien l'Océan que nous avons là devant nous.

G... me fit alors cette réponse antique que j'ai déjà citée et qui est digne d'être transmise à la postérité la plus reculée :

« L'Océan, l'Océan, bah ! ce sont des bruits que la police fait courir ; il n'y a que l'Escaut canalisé. »

Après avoir longé ce cloaque, nous en vîmes un autre également constellé de sabots et de brouettes, et au milieu duquel coulait un petit ruisseau. Au bout de cela, il y avait une espèce de canal, puis de grands tas de pierres bleues en talus des deux côtés, et des rangées de pieux comme à l'île Louviers ; ces pieux tout couverts de mousse avaient l'air de bâtons d'angélique confite. Par delà les pierres bleues et les pieux verts s'étendaient à perte de vue de larges bandes de sables jaunâtres et de vases de couleur cendrée. Il y avait aussi beaucoup de petites charrettes vert pomme avec des roues d'un rouge criard, chargées de tentes peintes en coutil, puis toutes sortes de messieurs ventrus, d'enfants scrofuleux, de femmes plus que quadragénaires, habillés de caleçons mythologiques, coiffées de tabliers de nourrice en taffetas gommé et en sarraus destinés à faire supposer des formes absentes. Ces braves gens étaient plongés dans la poussière jusqu'au cou, sous prétexte de prendre des bains de mer. Quant à la mer, elle était parfaitement chimérique. Je priai humblement un baigneur plus couvert de tatouages qu'un Papou, et qui avait le Christ en croix sur la poitrine, le tombeau de Sainte-Hélène au bras droit, les amours de Sylvie représentés au naturel au bras gauche, d'avoir bien cette bonté de m'indiquer l'Océan. Il ne répondit pas la première à gauche et toujours tout droit comme un commissionnaire, mais il me demanda trente sols et me fit remarquer au bord du ciel une espèce d'ourlet d'un gris bleu qu'il prétendit être l'Océan lui-même en personne ; peu content de l'explication, j'avais envie de lui reprendre mes trente sols, mais il me dit d'entrer dans une de ces boîtes à roulettes et de me déshabiller, ce que j'exécutai sans trop comprendre ce que l'on voulait faire de moi ; un violent cahot me fit tomber à la renverse ; on avait attelé un cheval à ce coucou aquatique, et l'on me traînait du côté de l'ourlet gris bleu ; j'étais secoué comme un cent de noix dans un tambour, et je ne savais où me prendre dans ce coffre de bois poli ; enfin l'on ouvrit une porte à coulisse ; le même baigneur tatoué m'invita à sortir et me demanda si je savais nager. Je répondis que oui. Il me fit marcher quelques pas sur le sable humide, l'eau ne montait pas à la cheville. Comme je ne pensais à rien, il arriva un grand rouleau d'un jaune sale qui me passa sur la tête et me fit faire une prodigieuse cabriole ; le rouleau s'en alla comme il était venu, et je me trouvai couché à plat ventre sur le sable et tirant ma coupe à vide. Le même rouleau endiablé ou un autre revint me prendre et me jeta, mais cette fois sur le dos, à quelques pas plus loin. Le baigneur me dit que je nageais admirablement bien. Je continuai ce joli manège encore quelques minutes, et l'on me remit dans ma boîte. J'en avais assez. Cette eau était amère, gluante, fétide et glaciale ; j'allai m'asseoir sur le môle pour attendre qu'il prît fantaisie à l'Océan de montrer un peu son nez. Il soufflait une bise assez rêche, et la marée allait monter. En effet, je vis arriver une quantité de bourrelets bordés d'une étroite frange d'un blanc sale, qui se poussaient les uns les autres avec un mouvement d'une régularité mécanique. On aurait dit un peloton emboîtant bien le pas ; cette lave perpétuelle dont l'Océan lubrifie ses bords ressemble à la mousse d'un grand savonnage, et rien n'a moins de rappport avec les pluies d'étincelles diamantées dont les peintres paillètent leurs marines. L'étendue de la mer, dont les vagues moutonnaient sous le vent, présentait l'aspect d'un tapis de billard sur lequel on aurait cardé un matelas ; des schooners, des koffs et des bateaux de pêche, qui profitaient de la marée pour rentrer au port, se dandinaient disgracieusement sur la crête des houles et rappelaient d'une manière désagréable les petits vaisseaux de carton que l'on met sur les pendules et à qui le balancier donne un mouvement d'oscillation. Je me croyais au spectacle mécanique de M. Pierre, et j'attendais à toute minute que le monsieur au canard vînt tirer son coup de fusil : mon espoir fut trompé.

Je n'ai jamais rien vu de ma vie de plus faux, de plus sec, de plus sale, de plus froid et de plus gris de ton que cet Océan tant vanté. Cela avait l'air d'une peinture exécrable, exécutée par un vitrier. Toutes ces mauvaises vagues bossues, mamelonnées, avec leur petit toupet de laine blanche sur la tête, sont du plus piètre effet, et les vaisseaux ont l'air de boutiques d'épicerie à la porte desquelles on ferait sécher des draps et des vieilles chemises.

Voici mon avis tout franc, et je suis fâché qu'il fasse dissonance avec le concerto d'admiration océanique. Ce n'est pas ma faute, je réponds de l'exactitude de ma description. Outre cette pauvreté pittoresque, l'Océan me sembla d'une dimension tout à fait exiguë, peut-être à cause de l'idée indéfinie que je m'étais faite de sa grandeur, sans songer à la perspective. Oh! pauvres poètes qui avez tâché de vous former une idée de la mer sur les tableaux des peintres et les récits des auteurs, voilà les déceptions auxquelles vous êtes exposés si vous voulez admirer quelque chose et en faire de belles descriptions; n'allez pas voir, tenez-vous-en à la tempête de Virgile ou de Cooper, ne voyez de bateaux de pêcheur que dans les régalantes pochades d'Isabey; cela sera beaucoup plus sage.

Cependant, pour être juste avec l'Océan, je dois dire que j'y vis un coucher de soleil très passable et un lever de lune presque aussi beau qu'un décor à l'Opéra. Le temps était très clair, le ciel d'une teinte citron pâle; la mer, frappée horizontalement par la lumière, tremblait et miroitait comme le ventre d'une ablette.

La plage cendrée, avivée d'un reflet orange, ne contrariait en rien cette douceur de ton et concordait à l'harmonie générale. Il n'y avait que trois couleurs : le citron du ciel, le vif-argent de la mer et l'orange de la plage. Puis le soleil, pareil à un gros ballon de taffetas couleur de feu, dont le gaz s'échappe, qui tombait lentement à l'horizon. Quand il fut tout au bord de l'extrême ligne et qu'il eut plongé dans l'eau, il se dessina sur son disque échancré la silhouette noire d'une côte lointaine que son étincelante lueur nous révéla subitement et qui avait échappé à nos yeux et aux verres de nos lorgnettes; dès qu'il fut enfoncé tout à fait, la dentelure noire disparut, et une belle lune épanouit sa grosse face pâle à l'autre bout du ciel. Un sillage argenté de la même largeur que le globe nocturne s'étalait sur les flots comme un I gigantesque, dont la lune aurait été le point. C'était en vérité très beau; mais la lune et le soleil y étaient pour beaucoup.

(*La Charte de 1830*, 2 mars 1837.)

DÉCORATIONS DE STRADELLA

DÉCORATIONS DE STRADELLA

On n'a pas encore fait une critique sérieuse des décorations de théâtre. Cette phrase sacramentelle : « Les *décors* sont magnifiques, » qui se trouve stéréotypée à la fin de tout compte rendu d'opéra nouveau, compose à elle seule tout le formulaire d'éloges à l'usage des feuilletonistes, gens d'ordinaire assez peu pittoresques.

Cependant, depuis quelques années, la décoration, de métier qu'elle était, s'est élevée au rang d'art, et beaucoup de toiles de fond méritent aussi bien les honneurs d'un examen détaillé que les tableaux pendus à l'exposition du Louvre.

Les décorateurs actuels de l'Opéra, MM. Feuchères, Desplechin, Séchan et Diéterle, quatre jeunes gens de talent, ont fait les plus louables efforts pour perfectionner leur art, et souvent ils sont arrivés à des succès d'illusion que l'on n'aurait cru possibles qu'au Diorama; ils ont surmonté avec un rare bonheur les difficultés presque invincibles qu'opposent à la magie des effets l'éclairage beaucoup trop vif de la salle et la construction de la cage de la scène. L'on ne saurait donner trop de louanges à la manière adroite dont ils ont éludé le système des coulisses qu'une routine absurde force encore de conserver dans nos théâtres, et ces abominables guenilles pendues à des cordes qu'on appelle bandes d'air.

On surprendrait beaucoup tous les progressifs de l'époque si on leur apprenait que les théâtres sont encore bâtis et machinés comme au temps du marquis de Sourdéac; rien n'a été changé ni amélioré.

L'on donne à la scène une trop grande profondeur qui est parfaitement inutile; avec la perspective aérienne et linéaire on a toute la profondeur qu'on veut. Ce qui manque à toutes nos scènes, même à l'Opéra, le plus vaste de tous nos théâtres, c'est la largeur et la hauteur. Il faudrait que la toile de fond, disposée demi-circulairement, fût plus rapprochée des acteurs, qui joueraient sur une espèce de proscénium, à la façon antique. La voix ne se perdrait pas dans tout cet espace inutile et serait répercutée du côté de la salle; on n'aurait plus besoin de ces feuilles de paravent ni de ces torchons suspendus aux frises. Une salle construite sur forme d'arc de cercle aurait beaucoup moins de places obliques. Cette réforme si simple et si urgente ne sera assurément accomplie que dans plusieurs siècles.

La première décoration de *Stradella* représente un canal de Venise au clair de lune. Il est difficile de voir un effet nocturne plus moelleux et plus velouté; le ciel est piqué çà et là d'étoiles scintillantes, fleurs du parterre de la nuit; Phébé la blonde montre un coin de son pâle visage à l'angle d'un toit, et le reflet de ses beaux yeux s'allonge en traînée lumineuse sur l'eau paisible du canal tout écaillée de paillettes d'argent; de grands édifices, baignés de cette ombre violette et brumeuse que répand l'astre mystérieux, s'élèvent de chaque côté de cette eau miroitante et se prolongent jusqu'à une profondeur qui fait bien voir qu'avec des peintres comme les décorateurs de l'Opéra il suffit d'une toile plate pour les plus immenses perspectives. La lueur rouge de quelque fanaux contraste heureusement avec l'azur vaporeux des demi-teintes et la blancheur des portions frappées par la lumière. Cela égaye et réchauffe la froideur inévitable des effets nocturnes. L'architecture a bien le caractère du pays; la maison de gauche, entre autres, produit une illusion parfaite; on oublie complètement la peinture et rien ne vous empêche de vous croire réellement au bord du canal Orfano, sous le pont des Soupirs. Nous ne connaissons que le *Clair de lune* des ruines d'Holyrood, de Daguerre, qui soit en état de lutter avec cette décoration.

La décoration du second acte, bien qu'élégante et riche, n'a rien qui surprenne de la part de MM. Séchan, Feuchères et Diéterle ; les statuettes, les tableaux, les cadres qui ornent les murailles sont d'un bon style et spirituellement touchés ; mais je ne comprends rien à cette quantité de blasons et d'émaux de couleurs différentes, avec leurs cartouches, leurs supports, leurs lambrequins ; ce ne peuvent être les armes du maître de la maison, car elles seraient répétées ; ni les armes de ses alliés, car, dans ce cas, elles seraient écartelées avec l'écu même qu'on divise en autant de quartiers qu'il est nécessaire. Mais, sans pousser plus loin ces observations, bornons-nous à dire à ces messieurs que leurs blasons pèchent souvent contre les règles héraldiques, ce qui est une faute très légère, et, pour en finir avec les critiques, demandons-leur comment il se fait que l'on puisse, par le balcon d'un appartement, voir en travers le pont de Rialto, qui joint les deux rives du grand canal ; il faudrait pour cela être dans une barque, au milieu de l'eau, ou sur le parapet d'un autre pont ; mais le pont de Rialto est trop caractéristique et indiquait trop bien le lieu où se passait la scène, et MM. Feuchères et Séchan ont bien fait de le peindre sur leur fond.

La troisième décoration, qui a été applaudie avec

fureur au lever du rideau, nous montre la campagne de Rome. Le plancher du théâtre est complètement défoncé à l'exception du premier plan.

La droite du théâtre est occupée par une fabrique d'un effet très pittoresque; la gauche par des pins, des picéas, des chênes verts et tous ces arbres à sombre et forte verdure des pays chauds ; un chemin creux s'enfonce à travers la campagne, qui s'étend au loin, flamboyante et fauve comme une peau de panthère; des plaques de soleil étincellent vivement sur le sol crayeux qu'il traverse et lui donnent un air merveilleusement aride ; des ruines d'anciennes constructions romaines en briques rouges, toutes hérissées de lentisques et d'aloès, par leur ton austère et vigoureux, repoussent et font fuir à cent lieues les derniers plans. L'ombre de ces petites collines rugueuses, dont la campagne romaine est bossuée, qui s'allonge, bleuâtre, sur les tons dorés de la plaine, parsemée çà et là de quelques figuiers sauvages, de quelques lièges au feuillage brûlé, est admirablement rendue ; cette ardeur de la lumière et cette fraîcheur de l'ombre prêtent aux lointains, dans les climats méridionaux, une teinte de gorge de pigeon, une apparence de velours épinglé d'une richesse singulière. Tout au fond, l'on voit se dessiner, avec cette foudroyante blancheur italienne, la silhouette de la ville éternelle et la ronde coupole de Saint-Pierre de Rome; et plus loin, par derrière les crêtes bleuâtres de la chaîne des Apennins, de grands bancs de nuages blonds, étroits et recourbés en flocons à leur extrémité, étendent leurs longues barres à l'horizon orangé. A part quelques exagérations, quelques inexactitudes indispensables dans une décoration de théâtre, l'aspect de la campagne romaine est très heureusement exprimé; nous reprocherons seulement à MM. Feuchères, Séchan, Desplechin et Diéterle un peu de lourdeur dans le feuillé des pins qui forment la coulisse de droite; il aurait fallu trouer et déchiqueter les masses noires pour les aérer et les alléger.

L'église de Sainte-Marie-Majeure, avec son peuple agenouillé, ses hautes colonnes, ses fenêtres inondées de lumière d'or, son étincelant pavé de marbre poli, est si vraie et d'une illusion si magique que l'on croit sentir l'odeur de l'encens. Le tremblement imperceptible de l'atmosphère et le chaud brouillard lumineux qui remplit l'interstice des colonnes, ces deux effets presque impossibles à transporter complètement sur la toile, sont réalisés d'une manière supérieure; la transition des personnages peints aux personnages réels est très habilement ménagée.

La décoration du Capitole est la moins réussie; les tons blancs de l'architecture tranchent crûment sur l'indigo du ciel, et quelques lignes de la perspective s'expliquent difficilement; mais dans l'acte suivant, nos artistes ont pris une complète revanche.

Nous ne parlerons pas de la petite toile d'attente

devant laquelle se jouent les premières scènes du cinquième acte. Elle se déchire bientôt comme un nuage qui cache le soleil et laisse apercevoir le merveilleux spectacle qu'elle faisait espérer ; car elle était assombrie, négligée, écaillée à dessein pour faire mieux ressortir la splendeur de la seconde décoration. C'est Venise vue du quai des Esclavons. D'un côté, vous avez le palais ducal avec ses piliers trapus, ses frêles colonnettes, ses ogives et ses trèfles mauresques ; les deux colonnes qui portent le lion de Saint-Marc et le San Teodoro ; la bibliothèque du Sansovino, dont la frise est toute peuplée de statues ; des édifices à perte de vue. De l'autre, le Dogana, la Zuecca, le dôme blanc de Saint-Georges-le-Majeur, la mer verte sillonnée de felouques, de gondoles, d'yoles et d'embarcations de toute espèce ; et dans tout cela un air, un soleil, une chaleur et une étendue admirables. Il était difficile de faire nager le Bucentaure dans une eau plus limpide et de rendre Venise plus belle pour le mariage de son doge. Seulement, il est malheureux que MM. Feuchères, Séchan, Desplechin et Diéterle, qui ont marié le doge à la mer d'une façon si éclatante, soient obligés de faire divorce avec l'Opéra.

(*La Charte de 1830*, 19 mars 1837.)

LES
DANSEURS ESPAGNOLS

LES DANSEURS ESPAGNOLS

———

A moins que vous ne soyez un fossile genre dri-goug ou lamentin profondémement enfoui sous la couche tertiaire, vous avez sans doute vu les danseurs espagnols ; le Camprubi et la Dolorès Serral, charmant couple ; si vous avez commis cette monstrueuse faute de ne point louer une stalle ou une loge aux Variétés, au temps où ces deux étincelants papillons effleuraient du bout de leurs ailes inondées d'une pluie de paillettes les planches poussiéreuses, presque défoncées par le sabot pesant de ce grand animal d'Odry, l'Antinoüs des cuisinières, vous n'avez plus qu'à vous battre la poitrine avec un rocher en signe de repentir, comme saint Jérôme, et à vous pendre solidement à un bon clou, cravaté de chanvre neuf, pour apprendre à votre tête ce que pèsent vos pieds, car vous avez manqué un des plus ravissants et des plus poétiques spectacles du monde.

Vous savez quelle chose hideuse c'est qu'un danseur ordinaire ; un grand dadais avec un long cou rouge gonflé de muscles, un rire steréotypé, inamovible comme un juge ; des yeux sans regard, qui rappellent les yeux d'émail des poupées à ressort ; de gros mollets de suisse de paroisse, des brancards de cabriolet en façon de bras, et puis de grands mouvements anguleux, les coudes et les pieds en équerre, des mines d'Adonis et d'Apollon, des ronds de jambes, des pirouettes et autres gestes de pantins mécaniques. Rien n'est plus horrible, et je ne sais vraiment pas comment l'on peut se retenir de leur envoyer, en guise de la pluie de fleurs usitée à l'Opéra, une grêle de pommes crues et d'œufs cuits.

Le sonor Camprubi est aussi agréable à voir danser qu'une femme, et cependant il conserve à ses poses un air héroïque et cavalier qui n'a rien de la niaise afféterie des danseurs français.

Et les danseuses, quelle triste population ! c'est une laideur, une misère, une pauvreté de formes à faire pitié : elles sont maigres comme des lézards à jeun depuis six mois ; et quand on les regarde sans lorgnette au plus fort de leur danse, leur buste, à peine perceptible dans le frêle tourbillon de leurs bras et de leurs jambes, leur donne l'apparence d'araignées qu'on inquiète dans leurs toiles, et qui se démènent éperdument. Je ne sais si vous vous êtes avisé de faire une étude spéciale du cou et de la poitrine d'une danseuse ; les clavicules éclairées en dessous font une horrible saillie transversale où viennent s'attacher, comme des cordes de violon sur leur chevalet, quatre à cinq nerfs tendus à rompre, sur lesquels Paganini aurait joué facilement un concerto. Le larynx, rendu plus sensible par la maigreur, fait une protubérance pareille à celle que fait au cou d'une dinde une noix avalée tout entière, et c'est en vain qu'on chercherait dans la plaine de leurs charmes la moindre rondeur ayant rapport à ce que messieurs les poëtes nomment dans leur jargon les *collines jumelles*, les *deux petits monts de neige* et autres belles expressions plus ou moins anacréontiques. Quant aux membres inférieurs, ils sont d'une grosseur tout à fait disproportionnée, de sorte qu'il semble que l'on ait vissé le corps scié en deux d'une petite fille phtisique sur les jambes d'un grenadier de la garde.

La Dolorès a la poitrine potelée, les bras ronds, la jambe fine et le pied petit ; quoiqu'elle danse très bien, elle est très jolie ; si l'on doit exiger rigoureusement la beauté de quelqu'un, c'est à coup sûr d'une danseuse. Tout le monde a le droit d'être laid, excepté les acteurs et les actrices, les danseurs et les danseuses. Il peut suffire à une actrice d'un grand talent de n'être qu'agréable et gracieuse, mais il faut absolument qu'une danseuse soit très belle. La danse est un art tout sensuel, tout matériel, qui ne parle ni à l'esprit, ni au cœur, et qui ne s'adresse qu'aux yeux. Tenez-vous droite sur l'ongle de vos orteils, tournez un quart d'heure en rond, comme une toupie fouettée, levez la jambe à la hauteur des frises, qu'est-ce que cela me fait, si mes yeux sont choqués ?

Une femme qui vient à moitié nue, avec une frêle jupe de gaze, un pantalon collant, se poser devant votre binocle au feu de quatre-vingts quinquets, et qui n'a pas d'autre affaire avec vous que de vous montrer ses épaules, sa poitrine, ses bras et ses jambes dans une suite d'attitudes favorables à leur développement, me semble douée de la plus merveilleuse impudence, si elle n'est pas aussi belle que Phaëne, Aglaure ou Pasithée. Je suis peu curieux de voir un laideron se trémousser maussadement dans le coin de quelque ballet. L'opéra devrait être comme une galerie de statues vivantes où tous les types de beauté seraient réunis. Les danseuses, par la perfection de leurs formes et la grâce de leurs attitudes, serviraient ainsi à conserver et à développer le sentiment du beau qui s'éteint de jour en jour. Ce seraient des modèles aussi choisis que possible qui viendraient poser devant le public et l'entretiendraient dans des idées d'élégance et de bonne grâce. Il ne suffit pas de savoir faire des pas, de sauter très haut et d'agiter un foulard pour être danseuse. L'agilité n'est qu'une qualité secondaire.

Dolorès et Camprubi n'ont aucun rapport avec nos danseurs ; c'est une passion, une verve, un entrain dont on n'a pas d'idée ; ils n'ont aucunement l'air de danser pour gagner leurs feux, comme les autres, mais pour leur plaisir et leur satisfaction personnelle ; il n'y a rien de mécanique, rien d'emprunté et qui sente l'école, dans leur manière ; — leur danse est plutôt une danse de tempérament qu'une danse de principes et l'on y sent à chaque geste toute la fougue du sang méridional. — Une pareille danse avec des cheveux blonds serait un lourd contresens.

Comment se fait-il que cette danse si chaude, si impétueuse, aux mouvements si accentués, aux gestes si libres, ne soit nullement indécente, tandis que le moindre écart d'une danseuse française est d'une immodestie si choquante ? C'est que la cachucha est une danse nationale d'un caractère primitif et d'une nudité si naïve qu'elle en devient chaste ; la volupté est si franche, l'amour si ardent, c'est si bien les provocantes agaceries, la folle pétulance de la jeunesse, qu'on pardonne facilement à la témérité tout andalouse de certaines allures ; c'est un poëme charmant écrit avec des ondulations de hanches, des airs penchés, un pied avancé et retiré, joyeusement scandé par le cliquetis des castagnettes et qui en dit plus à lui tout seul que bien des volumes de poésies érotiques.

Il y a une posture d'une grâce ravissante; c'est l'instant où la danseuse, à demi agenouillée, fièrement cambrée sur les reins, la tête penchée en arrière, ses beaux cheveux noirs, où s'épanouit une large rose, à moitié défaits, les bras étendus et pâmés et n'agitant plus que faiblement les castagnettes, sourit par-dessus l'épaule à son amant qui s'avance vers elle pour lui prendre un baiser. On ne saurait imaginer un groupe d'un plus joli dessin; il n'y a rien là de la grâce bête et fade de l'opéra-comique. Le cavalier a dans ses mouvements une facilité, une désinvolture alerte et fière; il est souple, précis, onduleux et vif comme un jeune jaguar. La femme est jeune, légère, franche dans ses poses dessinant la tournure de ses attitudes avec une netteté admirable, ne plaçant qu'à propos son étincelant sourire, ne soulevant guère au-dessus du genou les plis pailletés de sa basquine et ne se livrant jamais à ces affreux écarts de jambe qui font ressembler une femme à un compas forcé.

Il est singulier qu'on n'ait pas engagé ce joli couple à l'Opéra; il eût été bien facile de trouver à l'employer. Ces danses nationales, d'un caractère si original, eussent merveilleusement varié le répertoire chorégraphique si monotone de sa nature. Il me semble que l'Opéra devrait attirer à lui tous les plus beaux danseurs et les plus belles danseuses du monde, tout ce qui a une célébrité dans ce genre. Croit-on, par exemple, qu'un rôle de bayadère n'offrirait pas un attrait fort vif, exécuté par une véritable bayadère de Calcutta ou de Masulipatam? Pourquoi n'a-t-on pas des almées au théâtre de la rue Lepelletier? Nos relations nouvelles avec l'Orient permettraient de s'en procurer sans beaucoup de frais ni de peine.

M. Lubbert, ancien directeur de l'Opéra et bon juge en cette matière, qui a voyagé dans les échelles du Levant, affirme que rien n'approche de la perfection de leurs danseuses. Il ne faudrait cependant pas croire d'après ceci que nous voudrions que les rôles chinois fussent remplis par des Chinois exclusivement, et ainsi de suite; nous admettons trop largement la convention dans l'art pour descendre à de pareilles puérilités; mais certainement l'art chorégraphique, art muet et positif, se prête plus que tout autre à cette innovation qui ne peut qu'ajouter du piquant au canevas si fatalement ennuyeux des ballets; le saltarello et la tarentelle dansés par des Romains et des Napolitains, la cachucha, la jota aragonesa, le zapateado par des Espagnols; le pas des schalls par des almées et des bayadères offriraient assurément un attrait qu'ils n'ont pas, exécutés par les danseurs ordinaires. En attendant les almées, il aurait fallu garder les Espagnols et en faire venir d'autres de Madrid, où, dit-on, il y en a encore de meilleurs.

(*La Charte de 1830,* 18 avril 1837.)

UN FEUILLETON A FAIRE

UN FEUILLETON A FAIRE

Aucun artiste n'a certainement les jouissances d'amour-propre de l'acteur. Quand je dis l'acteur, l'épithète de bon est sous-entendue. Sa gloire lui est escomptée sur-le-champ, et il n'a pas besoin d'attendre d'être un buste de marbre pour être triomphalement couronné de lauriers. Les bouquets pleuvent sur lui de l'avant-scène, les mains gantées de blanc des fashionnables et des belles dames ne dédaignent pas de se rapprocher en sa faveur ; on le fait revenir après la chute du rideau, au grand mécontentement du commissaire de police ; on crie, on trépigne, on hurle, on cogne le plancher avec sa canne, on casse les banquettes ; on mettrait volontiers le feu au théâtre pour lui exprimer plus chaudement son admiration ; je ne pense pas que l'on en ait jamais fait autant pour M. de Chateaubriand, M. Hugo, M. de Lamartine ou M. Roger de Beauvoir.

Mais s'il a cette douce satisfaction, d'être applaudi tout vif et de toucher la renommée du doigt, il a aussi ce malheur de ne rien laisser de lui et d'être oublié ou contesté après sa mort; la chose a déjà lieu pour Talma, qui est à peine encore refroidi dans son suaire drapé à l'antique ; nous autres, jeunes gens, qui ne l'avons guère vu que le jour de la Saint-Charlemagne, lorsque nous faisions notre cinquième ou notre sixième, nous sourions d'un air incrédule aux miracles qu'en racontent les hommes de l'Empire, et nous serions presque tentés de répondre que le bonnet de coton de Frédérick est plus drôle que la napoléonienne perruque de Sylla.

C'est ce qui fait que le comédien, plus que le poète, plus que le compositeur, plus que le peintre, a besoin du critique ; sans critique, le comédien n'existe pour ainsi dire pas. Le poète imprimé est comme Dieu ; il est divisible à l'infini et reste toujours un.

Tous en ont une part, et tous l'ont tout entier.

De cinq petites raies barbouillées de croches et de noires vont jaillir au premier coup d'archet les plus suaves harmonies. La toile survit au peintre, et l'on ne s'aperçoit que Raphaël est mort que parce qu'il ne fait plus de tableaux. Sa pensée existe tout entière, et il nous sourit aussi doucement par les tendres lèvres de ses madones que s'il vivait encore, le divin jeune homme ! Il n'en est pas ainsi du comédien.

Le comédien est en même temps le peintre et la toile, sa figure est le champ où il dessine. Il réalise sa création sur lui-même; ses couleurs ne sont que du fard, il esquisse avec un geste et n'a, au lieu d'une touche qui reste, qu'une intonation qui s'en va. Aussi Hamlet, Oreste, Othello descendent avec lui dans la tombe. Il n'y a point, hélas ! de galerie où l'on puisse aller admirer son œuvre après sa mort.

La parole est ailée, le geste ne laisse pas de trace. Comment conserver à la postérité ce froncement de sourcils tout à fait olympien, qui faisait trembler jusqu'aux moucheurs de chandelles et aux banquettes elles-mêmes; dans quel esprit-de-vin confire ce son de voix si majestueusement caverneux ? Il faudrait pour cela avoir la recette des mots de gueule gelés dont parle maître François Rabelais, et je pense qu'elle est aussi positivement perdue que la recette de l'eau de Jouvence.

Il y a sans doute je ne sais où, quelque part, très haut et très loin, une région vague, un lieu de refuge quelconque où va ce qui ne laisse ni corps ni fantôme, ce qui n'est rien, ayant été, comme le son, comme le geste, comme la beauté des femmes qui sont devenues laides, et les bonnes intentions qui n'ont pas été remplies.

Un feuilleton bien fait pourrait être cet endroit-là pour les fugitives et impalpables inspirations de l'artiste dramatique. Ces fleurs idéales, au parfum enivrant, aux couleurs éclatantes ; ces pauvres anémones de la poésie qui naissent d'un souffle et meurent d'un souffle entre les planches de la scène sans avoir jamais vu d'autre soleil que le lustre, devraient y laisser leur délicate empreinte, comme ces plantes que les faiseurs d'herbiers compriment entre deux feuilles de papier blanc pour en obtenir un duplicata exact ;— le parfum n'y est plus, il est vrai, mais le port, l'attitude, la forme des pétales et des pistils s'y trouvent fidèlement reproduits, et il est aisé de reconnaître sur ce spectre de fleur ce qu'elle a été, fraîche, épanouie.

Malheureusement, les feuilletons sont mal faits. Qu'est-ce, en effet, qu'un feuilleton ? Une espèce de tréteau hebdomadaire où l'auteur vient parader et danser sur la phrase avec ou sans balancier. Les critiques ne sont plus vraiment que les graciosos et les clowns du journalisme ; ils marchent sur les mains, font la roue et le saut du tremplin, portent des échelles sur les dents et n'ont guère d'autre défaut que celui-ci, assez peu important pour des critiques, c'est à savoir qu'ils ne sont pas des critiques du tout.

Leurs feuilletons sont très charmants et du meilleur air ; les paillettes et les pierreries fausses ou vraies y sont jetées en profusion ; chaque note y éclate comme une bombe lumineuse d'un feu d'artifice de Ruggieri ; cela est étincelant, chatoyant, phosphorescent, mais n'apprend rien, sinon que messieurs du feuilleton sont des personnes d'infiniment d'esprit, vérité qui n'a jamais été révoquée en doute et qui se passerait fort bien de cette preuve.

La manière de juger d'aujourd'hui a beaucoup de rapport avec celle des conseils de guerre : absous ou fusillé impitoyablement, absurde ou sublime, il n'y a pas de milieu ; ces deux mots péremptoires suffisent aux besoins de la critique.

Cela est en vérité un peu bien leste et ressemble trop à la justice turque ; on admet ou l'on rejette en masse, on a des haines et des engouements aveugles. On ne raisonne pas, on n'analyse pas, on s'en rapporte à une impression brute et générale. Plus de ces charmantes causeries de foyer où s'agitaient entre les auteurs et les critiques mille petites questions d'art ; maintenant on s'y promène comme dans un manège et l'on y parle de la Chambre et du cours de la rente.

Autrefois, ce n'était pas ainsi ; on s'intéressait à une actrice dès son début ; on la suivait dans ses progrès, on s'intéressait à elle comme à une fleur que l'on voit grandir ; on l'applaudissait avec discrétion et mesure, de manière à lui faire sentir où elle avait bien fait, où elle avait failli ; on lui disait : Vous avez atteint au naturel du débit, mais vos poses ont encore de la raideur ; vous mettez votre rouge trop haut ou trop bas ; telle couleur vous sied, telle autre vous va mal ; vous tenez vos coudes trop en dedans et vos pieds trop en dehors... Tout cela contribuait au perfectionnement de l'art, car il y a plus de profit réel à tirer de ces menues observations que de vagues considérations esthétiques qui le plus souvent n'aboutissent à rien et sont tout à fait inapplicables.

Maintenant que Thalie et Melpomène se barbouillent les joues avec du sang de bœuf en guise de fard, et qu'un théâtre a l'air pendant la représentation d'une ménagerie pleine d'animaux hurlants qui attendent qu'on ouvre les grilles pour les lâcher dans le cirque, on ne fait plus attention à ces nuances délicates, à ces intonations pleines de finesse qui faisaient le charme des vieux amateurs ; il faut brailler à tue-tête, rouler de gros yeux, se traîner par terre à quatre pattes en faisant des contorsions horribles pour réveiller un moment un public distrait et blasé par le régime d'alcool littéraire auquel il a été soumis depuis quelques années.

On ne sait pas le moindre gré à une actrice d'être jolie, on ne lui demande que de crier bien fort ; et cependant, il est plus difficile d'être jolie que d'avoir une grosse voix ; on ne se soucie plus de la beauté des femmes ; l'on aime peu les fleurs et beaucoup le tabac à fumer. Cette question importante de savoir si le nez à la Roxelane est préférable au nez grec, et le talent de Mlle Mars à celui de Mme Dorval, préoccupe beaucoup moins les gens que la loi sur a pêche fluviale, ce qui est profondément déplorable et prouve que la société chancelle sur sa base. L'indifférence en fait de jeunesse et de beauté est allée si loin à l'endroit des comédiennes, que toutes les actrices en réputation sont pour le moins quadragénaires.

Nous avons la perception si lente pour la beauté des femmes, que nous commençons à nous apercevoir qu'elles sont jolies lorsqu'elles commencent à grisonner. Pour réaliser ce feuilleton rêvé par nous, il faudrait qu'un homme de cœur, de style et d'esprit, comme on dit à présent, se donnât la peine de suivre exactement le jeu de quelques acteurs, Frédérick, Bocage, Bouffé, Mlle Georges, Mlle Mars, Mme Dorval, par exemple, dans tous leurs rôles importants, et en fît une critique détaillée scène par scène, couplet par couplet, vers par vers, mot par mot. Je voudrais que le moindre geste fût noté scrupuleusement, que l'on rendit compte d'une inflexion de sourcil, d'une tenue de voix et de ces mille détails dont après tout se compose la physionomie d'un rôle et qui font la différence du grand acteur à l'acteur médiocre. Je sais que cela pourra paraître minutieux à quelques feuilletonistes tranchants et superlatifs; mais toute autre critique est illusoire et ne profite à personne qu'à celui qui la fait. Par une description animée et vivante, il faudrait faire paraître l'acteur aux yeux du lecteur, avec ses poses, ses gestes, ses manières de se draper, de marcher, de s'asseoir, son timbre de voix, son sourire, ses tics, ses grimaces et toutes ses habitudes théâtrales; les feuilletons sur un acteur devraient être en quelque sorte une suite de dessins avec des explications et des notes, où l'on verrait clairement tous les aspects et tous les profils d'un rôle; il serait bon aussi d'examiner sévèrement le costume, la tenue et la figure des acteurs. La figure d'un acteur doit être critiquée comme une peinture, car c'en est une, et l'on peut, en toute sûreté de conscience, railler une actrice de paraître laide et vieille dans les rôles d'ingénue comme si elle avait commis une faute de mémoire ou de prononciation, et ce n'est point le cas de tomber dans les attendrissements que font naître naturellement le grand âge et les défectuosités physiques.

Un feuilleton ainsi fait serait assurément quelque chose d'utile à l'art, aux acteurs et au public; mais qui aura le courage, la patience et le talent de le faire? Après la mort de l'acteur, ceux qui ne l'auraient pas vu iraient consulter ce duplicata fidèle, comme on va voir à la Bibliothèque royale l'œuvre gravée d'un peintre dont on ne connaît pas les tableaux.

(*La Charte de 1830,* 27 avril 1837.)

VENTE DE LA GALERIE
DE L'ÉLYSÉE-BOURBON

VENTE DE LA GALERIE

DE L'ÉLYSÉE-BOURBON

C'est une triste chose qu'une vente, surtout la vente d'une collection d'objets d'art. Les ventes de maisons et de terres n'ont pas ce côté douloureux ; il n'y a là dedans que des valeurs échangées, voilà tout ; mais une galerie de tableaux, une bibliothèque, une collection rare et précieuse, lentement formée, augmentée avec peine et recherches, sacrifices d'argent et de temps, quelque chose qui a été l'occupation d'une vie, l'amour, la passion, la manie et l'orgueil d'un homme, cela est lugubre à voir vendre comme les robes et les joyaux d'une maîtresse morte.

De plus, il est toujours à regretter que l'on éparpille et que l'on morcèle les grandes galeries. Beaucoup de tableaux admirables s'en vont, qui en Russie, qui en Hollande, qui en Angleterre ; bien peu, il faut le dire à notre honte, demeurent en France, et les étrangers ne se montrent que trop ardents à nous enlever nos richesses. Quand même nous soutiendrions mieux la concurrence, ce serait toujours un malheur pour les arts que les œuvres des maîtres fussent disséminées dans des collections particulières où l'on ne peut les voir que par hasard ou faveur spéciale.

Il est à regretter que les gens chargés de pousser les enchères pour le compte du musée n'eussent pas à leur disposition un plus large budget et n'aient pas pu faire de plus nombreuses acquisitions; au reste, les moindres tableaux étaient disputés avec un acharnement sans pareil, et il y a telle toile que l'on a littéralement couverte de pièces d'or et de billets de banque. Nous avouons, pour notre part, que beaucoup de ces prix nous ont paru exorbitants, surtout pour plusieurs ouvrages dont le fini minutieux et l'extrême léché font le principal et même l'unique mérite.

La perle, le joyau de cette galerie était assurément le tableau du *Traité de Munster*, de Terburg, si admirablement gravé par Suyderhofts.

Nos faiseurs de peinture officielle, nos grands entrepreneurs d'histoire auraient bon besoin d'aller souvent regarder la toile du bon Terburg; ils verraient quel parti un homme de talent peut tirer du sujet le plus ingrat, quelles admirables ressources a trouvées sur sa palette le brave peintre de genre flamand, qui ne peignait d'ordinaire que de belles dames en robes de satin, assises devant des tables couvertes de tapis de Turquie rendus point à point. Comme il a su être fin, naturel, précieux d'exécution, bien dessiné, bien coloré, plein de style et de caractère, tout en restant dans les plus strictes conditions de son programme! MM. Court, Vinchon et autres chargés habituellement de ces sortes de besognes, puisque le Terburg n'a pu être acheté par le musée, feront bien d'aller visiter, à son défaut, un certain tableau, attribué par les uns au Titien, par les autres au Bonifacio, et qui représente la première session du concile de Trente. Pour être juste cependant avec tout le monde, nous conviendrons que MM. les députés n'ont pas d'aussi beaux costumes et des têtes aussi bien caractérisées que les diplomates du traité de Munster et les évêques du concile.

Cette longue suite de têtes presque toutes sur la même ligne offrait cependant d'énormes difficultés à vaincre; Terburg, sans faire d'inutiles efforts pour dramatiser une scène essentiellement grave et paisible, et tout en acceptant cette donnée monotone et symétrique, a imprimé tant de réalité et de vie à chacune des figures qui composent cet interminable chapelet, que l'œil n'est pas affecté de cette disposition qui serait désagréable avec une exécution moins parfaite.

Quelles belles têtes ! Nez d'aigle, regards d'aigle, bouches pincées et serrées, pleines de secrets qu'elles ne diront pas; fronts un peu dégarnis de cheveux, accrochant la lumière sur leurs protubérances intelligentes; physionomies narquoises et futées; faux airs de bonhomie, gravité légèrement gourmée, gestes rares, maintien officiel, vêtement sobre et discret de couleur, comme il convient à des diplomates; que tout cela est miraculeusement compris et rendu ! — Comment donc Terburg, le peintre des petits pages et des maîtres de musique, a-t-il pu pénétrer si facilement dans les secrets de la chancellerie et entrer si avant dans l'intimité de tous ces personnages graves et mystérieux qui passent une moitié de leur vie à en cacher l'autre, et auprès de qui Harpocrate lui-même, le dieu silencieux qui cachette sa bouche avec son doigt, est un bavard effréné et un faiseur de commérages ? Il a copié tout simplement et fait des portraits; c'est ainsi que procèdent les grands artistes; leur puissante intuition de la forme qui enveloppe toute pensée les rend, à leur insu, les plus fins analystes qui soient. Une petite ride près de la bouche, une imperceptible patte d'oie au coin de l'œil, la brisure d'une ligne, une inflexion dans l'arc d'un sourcil, un coup d'ongle soucieux sur la peau lisse d'un front, le méplat brillanté et le croquant d'un cartilage, une place dans la joue plus ou moins veinée et frappée de rouge; tous ces détails, insignifiants en apparence, rendus avec l'austère et profonde vérité des maîtres, en disent plus sur l'âme et la pensée d'un homme que vingt pages de métaphysique quintessenciée; aussi Terburg, pour donner à ses révélations toute l'authenticité possible, s'est-il placé lui-même dans un coin du tableau, observant et regardant toute cette scène avec l'œil chercheur et curieux de l'artiste en présence de son modèle.

Il y avait aussi un bien beau tableau de Jean Steen, le peintre de la jovialité, un grand artiste, un grand ivrogne, les *Noces de Cana*, quelque chose d'aussi chaud que la *Kermesse* de Rubens. Avec quelle ardeur tout ce monde se pousse et se culbute pour arriver au merveilleux breuvage! Quelle joie bienheureuse! Quelle hilarité délirante! Que tous ces cuistres et ces manants, ces grosses commères à gorge rebondie sont contents d'être au monde et de vivre, et comme ils ne changeraient pas leur peau contre une autre, même avec du retour! Voilà qui console de la maigreur d'Holbein, de Quintin Metsys et d'Albert Dürer. Ces gaillards ont mangé et bu pour toutes les figures décharnées de l'école gothique.

L'Adrien Ostade était aussi d'une grande beauté, c'est-à-dire d'une grande laideur; ce qui me charme dans les Flamands, c'est le plaisir qu'ils semblent éprouver à être horriblement laids; ils ont l'air d'être aussi fiers de leurs abominables trognes que l'Antinoüs de sa beauté. Ils posent devant vous avec complaisance, quillés sur leurs petites jambes, avançant hors du cadre leur ventre de tonneau à bière, avec toute la fatuité d'Odry étalant les grâces de son nez; ils paraissent vous dire, en ôtant de leurs bouches édentées leur vieille pipe noire et culottée : N'est-ce pas, que vous n'avez jamais rien vu de plus affreux que nous? Les petits enfants mêmes s'appliquent avec le sérieux le plus risible à être aussi laids que leurs pères et ils y réussissent souvent. Quant aux femmes, il fallait être Flamand de Flandre, ivre de bière et de tabac, comme dit le faux marquis de Belverana au souper de la princesse Negroni, pour appeler de ce nom l'entassement de tabliers sales et de jupons rapetassés qui se remuent au grincement du violon du ménétrier chancelant, hissé sur une barrique, personnage obligé de toutes les kermesses. Mais en revanche, quel accent de nature, quelle couleur, quelle vérité !

C'étaient là les trois diamants de l'écrin, les plus beaux, les plus incontestables tableaux de la collection. Ce qui ne veut pas dire que les autres ne fussent pas authentiques et précieux. Le portrait historié de la reine Christine de Bourbon est d'un grand goût et d'une ravissante tournure : œil noir illuminé d'une étincelante paillette, chevelure abondante et vigoureuse, lèvre rouge, fier sourire, mains royales, poignets minces, bras faits au tour, une belle femme, une belle reine. Vraiment, si la reine Christine était faite de la sorte, il faut que le Monaldeschi ait été de son temps un drôle bien dégoûté pour ne lui être pas fidèle, surtout si l'on considère qu'elle savait l'hébreu sur le bout de ses charmants doigts, qualité précieuse et rare.

Les vues de villes de Vanderneer, les ports de Berghem et de Weeninx, les cavalcades de Wouwerman, les paysages sablonneux de Winants sont des œuvres magistrales et vraiment dignes d'admiration. Mais nous avouons que beaucoup de tableaux qui cependant ont été poussés jusqu'à des prix énormes nous ont paru assez médiocres et très douteux. Ainsi, l'on a vendu douze mille francs un petit Paul Potter, composé d'une vache rouge vif et d'un arbre vert minéral, qui eût été déjà fort cher à douze cents francs. Un autre tableau de vaches et de taureaux, plus grand, a été à vingt mille francs, sans doute à cause de la rareté des tableaux de Paul Potter, qui est mort fort jeune ; mais si l'on paye une vache vingt mille francs, combien payera-t-on une Vierge de Raphaël ou une courtisane du Titien ?

Un Scalken, vous savez, ce peintre qui ne fait que des effets de flambeaux au vermillon et au jaune de Naples, a été vendu quatre mille francs ; c'est cher pour une chandelle dans un chaudron. L'Hobbema a monté à vingt-deux mille francs ; et, en vérité, c'est un paysage médiocre et que l'on eût à peine remarqué au Salon ; vingt paysagistes, il faut bien le dire, font mieux que cela aujourd'hui : Cabat, Rousseau, Paul Huet, Jules Dupré, Marilhat, Corot, Alligny et Édouard Bertin joignent à autant de précision un style plus ferme et un effet plus poétique. La forêt tant vantée d'Hobbema est lourde, noire, avec des arbres mal suivis et maladroitement enchevêtrés ; le ciel est pénible et plombé ; cependant, c'est encore une œuvre remarquable, mais bien au-dessous de la renommée qu'on lui a faite.

Le fameux *Déjeuner de jambon* de Teniers m'a paru beaucoup au-dessous de sa réputation. La couleur est grise, terne, sans finesse et sans transparence, la touche sèche, découpée, et vraiment il est fâcheux pour Teniers qu'il ne soit pas possible de douter de l'authenticité du tableau.

Si j'étais M. Hope, M. le duc de Sunderland, M. Demidoff, ou tout autre millionnaire, trillionnaire ou billionnaire, au lieu d'acheter à des prix insensés des tableaux usés, repeints et vernis à outrance, de maîtres dont plusieurs n'ont pas grand mérite, même quand ils sont purs et certains, j'aimerais beaucoup mieux me faire peindre de grandes galeries par Delacroix, Ingres, Decamps, Louis Boulanger, Camille Roqueplan, Cabat et tous ces jeunes gens d'un talent si remarquable, dont on tire si peu parti. Avec la même somme, l'on aurait quatre fois autant de tableaux, incontestables, frais, jeunes et vifs, d'une valeur pour le moins égale, et l'on aurait encouragé et développé beaucoup de génies timides qu'un rayon favorable de la fortune ferait rapidement mûrir ; mais c'est plus au nom du peintre qu'à la valeur même du tableau que tiennent les amateurs, pour qui, en général, l'art n'est guère qu'un luxe comme les chevaux de race et l'argenterie anglaise.

(*La Charte de 1830*, 8 mai 1837.)

COPIE

DU JUGEMENT DERNIER

DE MICHEL-ANGE

COPIE DU JUGEMENT DERNIER

DE MICHEL-ANGE

C'est une rude tâche que de rendre compte d'une pareille œuvre d'après une copie et sur une première inspection. Il y a d'abord deux choses à éviter : l'enthousiasme de convention, les extases stéréotypées d'avance et le paradoxe en sens contraire ; ensuite, il est extrêmement difficile de faire la part du copiste et de distinguer les fautes qui lui appartiennent de celles qui sont inhérentes à la manière même de l'auteur.

Nous allons tâcher de nous tirer de notre mieux de ce mauvais pas.

Tout a été dit sur Michel-Ange ; les formules laudatives sont depuis longtemps épuisées ; seulement, il y a un côté sur lequel on n'a pas assez insisté et qui est, selon nous, le côté caractéristique de ce gigantesque génie.

Michel-Ange passe en général pour un peintre sombre, bilieux, courroucé, ayant atteint les dernières limites du terrible; violent et féroce de style, sauvage dans son faire, austèrement catholique et tout à fait semblable à Dante, sa grande admiration. Cette idée paraît juste au premier coup d'œil. Cependant rien n'est plus faux.

L'illustre rival de Raphaël est un artiste païen, amoureux de la forme, autant et plus qu'un sculpteur grec, lui sacrifiant tout, sujet, convenance, possibilité, ne s'inquiétant que d'elle, ne voyant qu'elle, et la poursuivant à travers tout avec une véhémence et une opiniâtreté sans pareille. Quand Michel-Ange trace un contour, il le pousse toujours jusqu'aux dernières conséquences; il en tire tout ce qu'il peut donner, et souvent plus qu'il ne peut donner.

Pour lui il n'existe qu'une chose dans l'univers : *l'homme ;* — le reste n'est rien. — Je ne sais si Michel-Ange s'est jamais aperçu qu'il y avait un ciel, des maisons, des arbres, des fabriques, des terrains; j'en doute, ou du moins il s'en est peu soucié. — Il n'a pris de la terre que ce qu'il en fallait pour poser les pieds de ses figures, et encore, comme il n'en voulait guère prendre, il leur dessinait des pieds d'une extrême petitesse; du ciel, il n'a emprunté que quelques blocs de nuages solides comme des quartiers de marbre, pour les faire servir de point d'appui à des développements musculaires impossibles en ce bas monde.

Ainsi Michel-Ange a choisi pour sujet de son poëme pittoresque *l'homme*, admirable sujet s'il en fut. — Montrer l'homme sous tous les aspects possibles, tel a été le but de Michel-Ange, l'unique pensée qui a rempli sa vie séculaire. Ce n'a pas été trop de quatre-vingts ans, ce n'a pas été trop d'une carrière de marbre de Carrare et des murailles immenses de la Sixtine, pour déployer une idée aussi vaste que celle-là. Il fallait être Michel-Ange pour la concevoir et l'exécuter.

On apporte quatre montagnes de marbre à ce Titan sculptural ; il se jette dessus comme un lion sur sa proie ; il attaque le marbre en plein, à grands coups de pointe et de marteau ; il le tord, il le pétrit comme une cire ductile ; les blocs tremblent devant lui et le sentent venir ; demandez-lui ce qu'il fait ; il n'en sait rien, il fait un homme, son seul et unique sujet ; — cela s'appellera, s'il vous plaît, le Crépuscule, la Nuit, le Point du jour, que sais-je ? Car il faut bien un titre et un sujet pour les sots ; mais, en vérité, ce n'est autre chose qu'un homme qui vous montre, celui-ci son dos, celui-là ses bras et ses cuisses sous une attitude impérieuse et magistrale. — Voilà tout, c'est bien assez.

Dans le *Jugement dernier*, où il y a peut-être deux cents figures, il n'y a effectivement qu'un seul et même personnage retourné de toutes les façons imaginables, vu en dessus, en dessous, par les pieds, par la tête, en raccourci, avec tous les aspects de la chute ou de l'ascension. Mais quelle que soit la pose de ce type unique, elle n'est jamais naturelle, dans le sens précis du mot; ce sont des écartèlements, des tensions de muscles, des bouffissures de contours, des torsions de reins, des renflements de poitrine qui dépassent les dernières limites de l'exagération. Tout ce monde se crispe et se contracte, comme s'il avait l'entablement du ciel sur le coin de l'épaule. Atlas lui-même ne devait pas faire autant renfler ses *biceps;* — assurément, aucun de ces gens-là ne mourra de la poitrine.

Nous avons dit que la pensée unique de Buonarroti, c'était de peindre et de sculpter l'homme; mais l'homme idéalisé, exagéré, élevé jusqu'au Titan. Encelade, Polyphème, Hercule, Prométhée sont des muguets sveltes et mignons à côté des monstrueux portefaix du sculpteur florentin.

Une chose singulière, c'est que tous ces hommes à poitrines colossales ont la tête petite comme des oiseaux, des mains presque imperceptibles et des pieds chinois; par une négligence étrange, beaucoup de ces pieds n'ont que quatre doigts; un tel oubli doit être volontaire, et je pense que c'est pour donner une élégance plus idéale à ces extrémités que l'artiste en agit de la sorte.

Ce Michel-Ange, regardé jusqu'ici comme un artiste chrétien, est bien le plus effréné païen qui ait jamais pétri et manipulé de la chair. La tête, les mains et les pieds, c'est-à-dire tout ce qui a de l'importance dans l'art chrétien, les seules portions du corps humain qu'il soit permis de montrer selon la pensée moderne, n'existent pas pour lui. Son idéal est évidemment le torse antique ; il regarde la tête comme un détail et ne s'en occupe que par manière d'acquit ; — le crâne est nul, le front déprimé ; très souvent le bras est plus large que la face ; tous les personnages, anges, démons, élus, damnés, sont musclés également ; le Christ lui-même, auquel les peintres donnent habituellement un caractère de douceur féminine, écraserait une enclume d'un coup de poing ; Michel-Ange s'attaque tout d'abord aux pectoraux, aux flancs, au ventre, à la vie, à la santé ; ce qu'il veut rendre, c'est le tempérament, et personne n'y a réussi comme lui.

Quoique j'admette très volontiers la convention en fait d'art, j'avoue que des anges athlétiques, les bras noueux, l'épaule large à porter une tour, soufflant à tout rompre, avec des joues comme des ballons, dans des trompettes de cuivre, sans ailes qui les soutiennent, sans fluide éthéré et lumineux pour adoucir leurs contours, sont assez difficiles à reconnaître pour des anges ; ils ont plutôt l'air de crieurs publics qui ont mis leurs habits en gage. Je veux bien qu'ils n'aient ni ailes, ni tuniques : il n'y a aucune preuve ni pour ni contre, et l'on n'a pas de données bien certaines sur le costume des esprits célestes ; cependant je voudrais qu'ils eussent un caractère différent des diables, et sauf la queue de rigueur, ils y ressemblent beaucoup. Cette turbulence et cette furie de mouvement contrastent trop ouvertement avec l'idée placide et sereine que nous avons des anges et des archanges.

Le *Jugement dernier* de Michel-Ange pourrait s'appeler, comme la tragédie de Werner, la *Consécration de la force ;* les plus gros jettent en bas les plus petits.

Maintenant que nous avons dit ce qu'il n'y avait pas dans le *Jugement dernier*, nous allons dire ce qu'il y a. Ceux qui s'imaginent trouver dans cette peinture une scène effrayante et fantastique, avec des flammes, des tonnerres et des incendies, des ombres de fantasmagorie, des gloires, des auréoles, le sujet tel que nous le concevrions aujourd'hui, se trompent complètement. Michel-Ange dédaignait tout cela comme des puérilités et de petits moyens indignes de l'art. Ce que Michel-Ange a voulu, dans son *Jugement dernier*, c'est faire éclater sa puissance, montrer son admirable science d'anatomiste, sa hardiesse de dessinateur, le caractère grandiose et surhumain de son style, et poser des bornes à tout jamais infranchissables en fait de témérités d'attitudes, de raccourcis et de musculatures. Dieu lui-même, s'il se faisait peindre, ne tracerait pas des contours plus énergiques et plus flamboyants; l'invention de style ne peut aller au delà, et l'imagination reste confondue devant cette variété inépuisable de postures, car Michel-Ange, dans le cours de sa longue vie, n'a jamais répété deux fois le même contour ni le même air de tête.

Plusieurs groupes de parents et d'amis, qui, se retrouvant au ciel, s'embrassent à pleine bouche et se plongent éperdument dans les bras l'un de l'autre, sont d'une beauté et d'une poésie au-dessus de toute expression. Le saint Barthélemy écorché vif, et qui tient sa peau à sa main; le saint Laurent avec son gril; le saint Pierre, comme étude du corps humain et comme science de modelé, sont d'incomparables chefs-d'œuvre.

La Vierge, qui se presse doucement contre son fils irrité, et laisse tomber un regard de commisération sur les multitudes précipitées, a une grâce délicate et tendre qu'on n'attendrait pas de Michel-Ange. L'homme entraîné vers l'enfer par deux démons suspendus à ses pieds comme deux boulets, et qui, dans sa chute, garde une attitude de rêverie profonde, est certainement l'une des plus belles créations du génie humain. Il nous faudrait dix feuilletons pour entrer dans tous les détails de cette immense composition, et nous sommes forcé, malgré nous, d'omettre beaucoup de choses.

Quant à la copie de M. Sigalon en elle-même, il faudrait avoir vu l'original pour en pouvoir parler avec certitude ; elle nous semble fort belle, et peu de peintres eussent été en état de mener à bout un travail aussi gigantesque. On la dit très exacte ; cependant, quelques articulations nous ont semblé mollement indiquées, et des personnes qui ont vu la chapelle Sixtine prétendent que l'original est beaucoup plus harmonieux que la copie (1). Le ton se maintient dans une couleur grise et violâtre qui n'est pas celle qu'a donnée M. Sigalon à sa toile ; l'aspect général est beaucoup plus grave, plus sombre ; mais il faut songer que le *Jugement dernier* de Michel-Ange est peint à fresque, à la détrempe, que le temps et la fumée des cierges et de l'encens ont adouci les teintes discordantes, et que jamais, si habile que l'on soit, l'on n'imitera à l'huile le ton d'une peinture à l'eau, surtout en si mauvais état que la fresque de la Sixtine. Une seule chose nous a choqué dans la belle copie de M. Sigalon, c'est le ton d'omelette de l'auréole du Christ. L'auréole, dans le tableau de Michel-Ange, est d'un ton plus lumineusement argentin et n'a pas ce jaune nankin si désagréable à l'œil. Il ne faut que deux heures pour corriger ce défaut.

Voilà à peu près ce que nous avons éprouvé à la

---

(1) L'auteur n'avait pas encore à cette époque visité l'Italie.

première inspection devant cette page monumentale. Nous ne répondons pas de ne pas dire tout le contraire dans une semaine. Ceci n'est pas un jugement, c'est une *impression*, — ne l'oubliez pas. — On ne comprend guère, à la première audition ou à la première vue, l'opéra ou le tableau d'un maître difficile.

(*La Charte de 1830*, 17 mai 1837.)

STATUES
DE MICHEL-ANGE

STATUES DE MICHEL-ANGE

C'est une question qui a été longtemps indécise que de savoir si Michel-Ange était plus peintre que sculpteur, ou plus sculpteur que peintre. Nous mettons de côté l'architecture, qui est aussi l'une des faces de ce triple génie, pour ne nous occuper que de l'artiste purement plastique. Assurément Michel-Ange est le plus grand peintre du monde, mais c'est aussi le plus grand sculpteur, et il n'a au-dessus de son talent de peintre que son talent de statuaire. Michel-Ange, ce génie démesuré, ce Titan de l'art, n'a pu être surpassé que par lui-même.

Notre avis est que le Buonarroti est plutôt un talent de sculpteur; ses tableaux ressemblent tout à fait à ses statues; c'est la même exagération prodigieuse, la même fierté de contours, la même ardeur sauvage de style; ils sont toujours composés dans le

sens de la ligne et de la forme, jamais dans celui
de l'effet pittoresque ; l'absence complète d'air et de
clair-obscur leur donnent d'ailleurs l'opacité et la solidité de la pierre, dont leurs tons gris les rapprochent beaucoup. Michel-Ange n'a jamais peint à
l'huile, travail bon, selon lui, pour des femmelettes
et des paresseux, et il n'est guère possible de se
montrer coloriste dans la fresque, où l'on ne peut ni
fondre les teintes, ni reprendre un morceau mal
réussi. La beauté de la fresque consiste dans le caractère des lignes, la grande tournure des ajustements, l'austérité des formes, qualités qui appartiennent plutôt au dessinateur qu'au peintre proprement
dit ; et, ce qui fait bien voir que Michel-Ange comprenait la peinture en sculpteur, c'est qu'il ne comprend pas l'homme avec un fond ; il l'isole comme
une statue. Le paysage, les fabriques, le ciel, la
terre, les étoffes, les accessoires qui sont d'une si
grande importance dans la peinture ordinaire, tout
cela préoccupe fort peu Michel-Ange, le grand dédaigneux ; toutes ses figures se détachent sur un champ
de teintes brunes ou grises et nagent dans un milieu vague ; s'il est forcé de mettre un arbre dans
une composition, il n'indiquera que le tronc avec
quatre à cinq grandes feuilles, plutôt pour signifier
que là doit se trouver un arbre, que pour faire l'arbre lui-même ; ses terrains ont l'air de plinthes et
de socles plus que de toute autre chose ; on dirait, en

face des tableaux de Michel-Ange, que l'homme existe seul dans la nature.

La qualité qui est la plus saillante dans ce divin artiste, c'est donc le dessin ; personne n'a poussé plus loin la science anatomique, ni mieux connu les saillies, les attaches, les renflements et les entrelacements des muscles et des nerfs. Toutes les compositions qui ont occupé sa longue carrière ont été disposées par lui de façon à faire ressortir exclusivement ce savoir prodigieux, sans souci ni du sujet, ni des convenances, ni de la possibilité.

Cependant, l'on se tromperait fort si l'on s'imaginait que Michel-Ange, avec toute cette science, est un dessinateur exact et vrai. Rien n'est moins *vrai*, rien n'est moins exact que le dessin de Michel-Ange : d'abord tout relief a une saillie double et triple de la saillie naturelle ; les adducteurs sont tendus en même temps que les extenseurs, ce qui est impossible ; la gamme musculaire est tellement montée, que l'Hercule antique, le symbole le plus violent de la force humaine, est bien loin d'y atteindre ; les pieds sont en général trop petits dans beaucoup de figures, les jambes pèchent par le défaut de longueur, les têtes n'ont pas la dimension nécessaire ; la vérité, dans le sens le plus littéral du mot, est donc perpétuellement violée dans les statues et dans les tableaux de Michel-Ange. Si, par dessin et science anatomique, on entend la reproduction scrupuleusement vraie des formes humaines, le Florentin serait à ce compte un pitoyable artiste.

Heureusement que le but de l'art ne consiste pas dans l'imitation de la nature. L'art est une création dans la création, et les peintres doivent faire le poème de l'homme et non son histoire. L'illusion est une chose très peu importante dans l'art; jamais un tableau de Michel-Ange ou de Raphaël n'a trompé l'œil une minute, et cependant ce sont là les deux noms rayonnants, les deux fronts entourés d'auréoles. Weeninx, avec son lièvre mort, son paon et sa grive, serait le premier peintre du monde, si le trompe-l'œil était le dernier mot et le but véritable de la peinture. Il n'en est rien. Je ne sais trop ce qu'on dirait aujourd'hui, où les peintres plus timides et moins inventifs nous ont accoutumés à une traduction plus servilement prosaïque de la nature, si on voyait au Salon un tableau ou une statue exécutés avec cette insouciance et ce mépris de l'aspect humain.

Je suis sûr que messieurs les critiques tomberaient sur le dos de ce pauvre Michel-Ange et lui tailleraient de terribles croupières : ils le traiteraient de fou, d'extravagant, d'enragé et d'immoral. Quel amusement ce serait de voir les fabricants d'esthétique lui reprocher gravement de ne pas penser à la moralisation des classes les plus pauvres et de n'être ni utile ni progressif. Que diraient les braves bourgeois et les délicieux feuilletonistes si sensibles aux extraits de l'*Histoire d'Angleterre*, de M. Paul Delaroche, en lisant sur le catalogue, n° 1570, la *Nuit;* n° 1571, le *Crépuscule*, statues en marbre, par M...?

Comme on l'accuserait d'être insignifiant, de n'avoir pas d'idée, de ne rien prouver; comme on lui parlerait de la synthèse de M. de Lamennais et de l'art *catholique* d'Overbeck, de Cornélius et des Allemands de l'école de Munich. Ce seraient les plus triomphants radotages, le plus régalant amas de stupidités que l'on puisse rêver.

Dans la salle où l'on a placé la copie de M. Sigalon, il y a plusieurs plâtres moulés sur les marbres de Michel-Ange : le *Pensieroso*, les figures célèbres du tombeau des Médicis, à Florence, une statue de Laurent de Médicis et quelques bustes.

Le *Pensieroso* est une figure de guerrier assis dans une posture recueillie et méditative du plus grand effet; cependant, tout admirable qu'elle soit, elle perd beaucoup à l'École des beaux-arts, car elle a été faite pour un jour et pour un emplacement particuliers. A Florence, la lumière tombe de haut sur le casque dont elle illumine le cimier et fait saillir les ornements avec netteté, plonge la face dans l'ombre et se raccroche à quelques angles qu'elle découpe vivement, frappe un genou d'une vive clarté et laissse le reste vaporeusement voilé d'une demi-teinte transparente. Ici le jour est dessus et vient de tous les côtés; le socle, en outre, est trop bas, et pour voir la statue à son véritable point, il faut s'agenouiller ou se coucher par terre, position, du reste, très convenable devant une statue de Michel-Ange.

Malgré tous ces désavantages, quelle foudroyante supériorité conserve cette magnifique statue sur toutes les productions modernes! quelle fière mélancolie, quelle vigoureuse pensée indique cette figure armée, appuyée sur sa main! Cet homme, qui rêve couvert de sa cuirasse, m'a semblé un symbole sublime de la pensée unie à l'action, de l'intelligence qui conçoit et de la force qui exécute. Nous ne comprenons pas la pensée de cette sorte : chez nous, penser c'est être triste, malheureux ou malade; nous ne concevons guère la rêverie dans la force et la puissance, et nos *mélancolies* sont de petites femmes pleurnicheuses et poitrinaires; cependant, si quelqu'un a le droit de rêver, ce sont ceux qui ont la puissance de faire.

La *Nuit*, qui n'a rien de nocturne qu'un hibou placé entre ses jambes, est une belle femme couchée, soulevée à demi sur le coude, une cuisse repliée, avec un hardi et magnifique mouvement de torsion dans le ventre et les flancs, devant lequel reculeraient les artistes les plus oseurs et les plus fougueux de ce temps-ci.

De grosses nattes de cheveux, toutes moites de rosée, s'enroulent autour de la tête de la déesse penchée comme une fleur fatiguée du jour; la corne d'un petit croissant reluit sur le haut de son front et donne une grâce charmante à tout ce système de coiffure. Les paupières semblent faire de vains efforts pour rester ouvertes et roulent sur leurs prunelles le sable d'or du sommeil; le nez est fin, légèrement courbé, d'une coupe élégante, royale; la bouche a l'air d'une rose effeuillée, tant elle s'épanouit avec langueur et morbidesse; elle n'est cependant qu'indiquée à la gradine et n'est pas entièrement achevée, mais il est impossible de toucher le marbre plus moelleusement et de répandre un souffle plus humide et plus tiède sur deux lèvres de pierre. La gorge, saisie par la fraîche haleine du soir, dresse ses pointes étincelantes, et un léger grain dans le travail du marbre fait sentir le frisson de la peau, surprise de l'impression de l'air. Des mots expriment mal de pareils effets, et je renvoie à la statue même; il faut se prosterner et adorer.

L'autre statue représente probablement une heure plus avancée de la nuit, car elle a les yeux presque tout à fait fermés, et tous les muscles de son corps paraisssent dénoués par l'assoupissement: la gorge, le ventre, les cuisses sont modelés avec la plus admirable finesse; ce n'est plus du plâtre, ce n'est plus du marbre, c'est de la chair, de la chair vivante, et qu'on croirait devoir céder sous le doigt. Les contours intérieurs des cuisses sont tellement souples, si fuyants et si moelleux, que l'illusion est complète; on ne saurait aller au delà, et puis, cette tournure, cette élégance, ce grand style, et les mains et les pieds ! Je ne sais que vous dire à force d'avoir trop à dire, mais je sais bien que si j'étais sculpteur, après avoir vu ces divines statues, je me passerais une meule de moulin au cou, et, profitant de ce que la Seine est haute, j'irais me jeter tout vif à l'endroit le plus profond.

Il y a un *Méléagre* et deux statues d'homme dont un a le bras replié derrière le dos. Je n'ai pu m'empêcher d'un mouvement de terreur quand j'examinais ce colosse, pensant que, s'il étendait le bras, je serais réduit en poudre à jeter sur l'écriture, avec les camarades qui m'accompagnaient, la salle où nous étions, les constructions de M. Duban et tout le faubourg Saint-Germain.

Quant au *Méléagre*, qu'on nous pardonne l'abominable blasphème que nous proférons : il nous a paru un peu Vanloo.

Par un caprice étrange, familier à Michel-Ange, pas un de ces marbres n'est entièrement achevé. Il y a des morceaux faits seulement à la pointe, d'autres à la gradine, d'autres enfin au ciseau, et quelques-uns polis comme du marbre de cheminée ; tantôt c'est un pied pour lequel il ne s'est pas trouvé de place, tantôt un bras qu'il a dédaigné de dégager du bloc ; une exécution fantasque, inégale, fougueuse, pleine de découragement, d'amour et de caprice, l'exécution du véritable artiste ; les morceaux qui venaient bien, il les finissait avec un soin minutieux ; il ébauchait à peine les portions qui lui déplaisaient. Il faut être bien sûr d'être Michel-Ange Buonarroti pour se permettre de pareilles licences.

(*La Charte de 1830,* 22 mai 1837.)

LES ÉVENTAILS

DE

LA PRINCESSE HÉLÈNE

LES ÉVENTAILS

DE

LA PRINCESSE HÉLÈNE

Nos peintres ont généralement une fausse idée de la dignité de l'art. Il y a quelques années, un faiseur de peinture historique n'aurait pas voulu pour tout l'or du monde *dégrader* son pinceau jusqu'au portrait. Il se serait regardé comme un homme déshonoré s'il avait *commis* un tableau de *genre*. C'était une aristocratie plus susceptible et plus éveillée sur son point d'honneur que l'aristocratie de naissance. Une mésalliance n'aurait pas été plus vivement blâmée dans la noblesse qu'une excursion vers les genres prétendus inférieurs chez un citoyen de la république des arts.

Ces messieurs mettaient leur gloire à composer des tableaux qui n'avaient aucune espèce d'emploi possible par le sujet et la dimension, et dont personne ne savait que faire. Ils avaient la conscience tranquille quand ils avaient barbouillé une toile d'une trentaine de pieds que l'on était obligé de déclouer et de rouler comme un tapis pour la loger dans quelque grenier poussiéreux.

Si vous leur aviez demandé une aquarelle, ils vous auraient jeté à la porte par les épaules, sous prétexte qu'ils ne peignaient qu'en grand et à l'huile. Les plus chatouilleux vous auraient appelé en police correctionnelle comme leur ayant fait une grossière insulte. Comme si un dessin de Camille Roquepelan et une pochade de Decamps ne valaient pas tous les Achilles luttant contre le fleuve Scamandre, tous les Diomèdes et tous les Ajax de ces messieurs de l'Histoire, qui ne peignent jamais que des sujets tirés de la Fable.

Ce dédain superbe commence à tomber en désuétude. On a compris que la seule chose qui dégradât un artiste, c'est de faire mauvais. Les peintres et les statuaires sentent fort bien qu'il est plus honorable de sculpter une jolie tête de canne, une belle coupe, un serre-papier, ou tout autre objet servant à quelque chose; de peindre un portrait bien campé, bien ajusté d'un beau style et d'une bonne pâte, que de tailler de grandes statues insignifiantes qui embarrassent les ponts et les places publiques, et de peindre d'énormes toiles qu'aucun appartement moderne ne peut plus contenir.

C'est ce préjugé des artistes de l'Empire et du

Directoire qui est cause de la tournure ignoble de tous les meubles, de tous les flambeaux, de toutes les pendules et en général de la pauvreté et de la lourdeur d'ornement de ces deux époques malheureuses.

Qu'est-ce qui fait que les moindres bagatelles qui viennent du temps de la Régence ou de Louis XV ont un cachet particulier, amusant, plein de goût, d'invention et de fantaisie? C'est qu'en ce temps-là les peintres donnaient le dessin de tout. Ils fournissaient des modèles pour les fauteuils, les tapisseries, les trumeaux, les dessus de porte. Ils peignaient eux-mêmes les plafonds, les lambris, les écrans, les paravents, les carrosses, les soufflets, les clavecins, les tabatières et les éventails. Ils ne dédaignaient aucune besogne et faisaient tout ce qui concernait leur art. Ils n'auraient pas abandonné le pied d'un bougeoir au caprice d'un chaudronnier, ni laissé les moulures d'une porte à la disposition d'un menuisier sans goût, comme l'on fait aujourd'hui. Aussi ont-ils créé un art très nouveau, très spirituel, très français, un art fait pour nous et se ployant à nos moindres caprices, sans cesser d'être un art, problème difficile à résoudre et qu'ils ont résolu, et toujours et partout, avec une adresse et une sagacité merveilleuses.

François Boucher et Antoine Watteau ont peint des éventails qui sont de petits chefs-d'œuvre de grâce coquette et de gentillesse mignonne; plusieurs ont été gravés et sont d'une composition fort remarquable, bien plus digne d'être étudiée que celle de certains tableaux d'histoire.

M. Camille Roqueplan devait naturellement et de droit être choisi pour peindre les éventails de la princesse Hélène de Mecklembourg, aucun peintre actuel ne possède à un aussi haut degré l'esprit, l'élégance, la touche légère et brillante qu'il faut pour bien réussir à ces sortes de sujets.

M. Camille Roqueplan a peint trois éventails, et M. Clément Boulanger deux ; M. Boulanger est élève de M. Roqueplan, et il a beaucoup des qualités de son maître ; celles qui lui sont particulières consistent dans la facilité et l'abondance de la composition. M. Clément Boulanger est le peintre-né de tous les galas et de toutes les fêtes de cour ; son *Baptême de Louis XIII* est une preuve de ce qu'il peut faire dans cette nature de sujets. L'ordonnance en est charmante, les étoffes libres et variées, les tons éclatants et joyeux, et le tout a un petit air moitié Abraham Bosse, moitié Paul Véronèse, d'un ragoût singulier.

Les éventails de Camille Roqueplan représentent, le premier le *Mariage de la Vierge*, le second la *Promenade au parc*, le troisième les *Amours peignant le portrait de la princesse*.

Le *Mariage de la Vierge* est exécuté sur un fond

d'or, dans le genre byzantin, avec une suavité et une délicatesse charmantes. Notre-Dame-de-Lorette n'a rien sur ses grandes murailles qui vaille cette petite gouache ; c'est un petit tableau de sainteté d'une onction pénétrante et douce ; on dirait une page déchirée d'un des plus beaux missels gothiques.

La *Promenade au parc* rentre tout à fait dans la manière habituelle de M. Roqueplan, qui affectionne ces sortes de scènes. Le parc est ravissant, mêlé d'architectures, de terrasses, de vases et de balustre. De grands pins en parasol s'élèvent sur un ciel de teintes capricieuses avec des bleus verdâtres et singuliers. Les personnages, un raffiné, une dame et un cavalier qui les salue, sont d'une tournure élégante et fière, tout à fait dans le goût de l'époque, et au fond s'étend une fuite d'horizon comme M. Camille Roqueplan, qui est aussi un des meilleurs paysagistes de notre école, est seul capable d'en faire ; ce sont des traînées de lumière blonde sur de petites croupes de collines bleutées d'un effet ravissant.

Quant aux *Amours peintres*, figurez-vous ce qu'il y a de plus souriant, de plus gai, de plus frais et de plus joliment maniéré du monde, un Watteau du meilleur temps.

Les *Noces de Cana* et le *Repas de chasse*, voilà les deux motifs brodés par M. Clément Boulanger. Le premier est entendu à la manière vénitienne : des servantes coquettement ajustées montent et descendent des escaliers de marbre blanc qui conduisent à une fontaine où s'opère le changement miraculeux de l'eau en vin. Sur une terrasse avec des colonnes, l'on aperçoit des gens de la noce qui festinent, et dont quelques-uns se penchent sur la balustrade pour voir le miracle et aussi, je pense, les servantes qui sont très jolies. L'on dirait d'une première idée de Véronèse.

Dans le second, on voit un roi et une reine qui dînent sous une tente et regardent des bohèmes, des bouffons et des nains qui dansent. C'est une composition étincelante et variée, très amusante à l'œil et très gaie de couleur.

Nous ne parlerons pas des ornements qui entourent tout cela; ce sont des arabesques avec des nervures et des dentelures d'or, chargées de phénicoptères, d'oiseaux de paradis et de mille autres précieuses fantaisies. Il y a des volubilis à moitié épanouis, des petites clochettes aux vrilles sauvagement tortillées, des animaux et des plantes de toutes sortes qui ne vivent guère qu'au pays de paravent, d'éventail et de haute lice; au milieu de cette floraison sont accrochés des médaillons ovales encadrant de délicieux petits paysages et de charmantes figurines qui reposent l'œil de cet éclat un peu vif. Chaque éventail est complet dans son style, et l'envers n'est pas moins curieux que l'endroit.

Les montures de ces bijoux pittoresques sont dues

aux soins de M. Janisset, qui a été à Dieppe même les faire exécuter sur les dessins aux plus excellents ivoiriers ; celui du mariage est tout en or, enrichi d'émail et d'émeraudes, et sort des ateliers de Prévost, parfumeur de la cour, qui a aussi fourni la corbeille.

Il serait à désirer que cette charmante mode d'avoir des éventails peints par les meilleurs maîtres se renouvelât ; ce serait une nouvelle source de débouchés à l'aquarelle, poussée de notre temps à un si haut degré de perfection. Croyez-vous que ce ne serait pas une suprême élégance d'avoir un éventail de Camille Roqueplan et un piano avec des *concertos de singes* par Decamps ? Cela vaudrait un peu mieux que de la soie pailletée ou du palissandre à incrustation. Je suis sûr que ces deux éminents artistes s'amuseraient beaucoup à ces peintures et se répandraient en toutes sortes de caprices ingénieux et réjouissants. Le sauvage Salvator Rosa, lui-même, a peint plus d'une fois des épinettes et des clavecins.

(*La Charte de 1830*, 1er juin 1837.)

LES
CONCOURS DE 1837

LES CONCOURS DE 1837

I

CONCOURS POUR LE GRAND PRIX DE PAYSAGE HISTORIQUE

A l'âge qu'ont en général les lauréats de l'École royale, aux études qu'ils ont faites, à la vie dont ils ont vécu, il est presque physiquement impossible qu'ils soient en mesure de produire une œuvre complète et distinguée dans le genre dont nous avons à nous occuper aujourd'hui. Pour la peinture d'histoire proprement dite et pour l'étude de la figure, les élèves ont de grandes ressources; des modèles nombreux et choisis posent incessamment devant eux, et sans sortir de l'atelier ils trouvent la nature qui vient d'elle-même s'offrir à eux ; pour les paysagistes il en est autrement; une fois les procédés matériels appris, une fois la main-acquise, l'École n'a plus pour eux d'enseignements utiles; il faut que seuls, et en dehors des travaux de l'atelier, ils aillent sur le terrain se livrer à des études longues et variées, afin d'apprendre le ciel, les montagnes, les eaux et tous les grands aspects qu'ils se sont donné la mission de reproduire; pour ces travaux il faudrait de fréquents et de coûteux déplacements, des voyages faits avec pleine liberté et plein loisir et qui ne sont ni dans la discipline de l'École ni dans les ressources matérielles des jeunes gens, ayant pour la plupart leur avenir à faire tout entier. C'est donc peut-être une assez bizarre chose que de leur demander dans ces conditions un paysage historique, c'est-à-dire une toile qui, indépendamment de la perfection des études matérielles, suppose encore la plus haute intelligence de la poésie de l'art.

L'inspiration n'arrive guère dans les arts qu'au moment où l'artiste est complètement maître de son pinceau et quand il a réalisé un acquis considérable et bien liquide. Or, celui qui entre en loge pour composer un paysage dans le style le plus élevé n'a la plupart du temps étudié la nature que du haut de la butte Montmartre où dans la vallée de Montmorency. On lui demande de la peinture dans son aspect le plus idéal, et à peine il en vu un coin.

De cette combinaison résulte pour la critique le devoir d'une grande indulgence ; exiger de concurrents si mal placés pour savoir quelque chose de tout dire et de tout avoir appris serait chose injuste et mal raisonnable ; que l'on surprenne en eux seulement des dispositions, l'aptitude à étudier et à connaître plus tard, et l'on doit se déclarer satisfait ; le bien dans la circonstance donnée ne peut être que relatif. Ce qui s'improvise le moins, ce sont les Claude Lorrain.

Toutefois, avec un sentiment si bienveillant et si résigné, nous ne pouvons nous empêcher de nous déclarer très mal satisfait du concours qui vient d'avoir lieu ; car il est d'une faiblesse insigne et accuse dans les études du genre auquel il est consacré une déplorable infirmité.

Le sujet était : *Apollon gardant les troupeaux d'Admète, roi de Thessalie, et inventant la lyre ;* le programme exigeait, en outre, une ville grecque et un fleuve.

Nous ne voulons pas être trop exigeant pour ce qui, après tout, dans le genre, n'est que secondaire, à savoir le dessin des figures ; mais il faut commencer par avouer que la liberté de l'ignorance et du négligé de l'accessoire est poussée, dans le concours dont nous rendons compte, à un degré inexprimable ; entre les huit Apollons autour desquels s'étendent huit paysages où se gardent les troupeaux d'Admète, il n'en est pas un qui se puisse regarder et qui soit d'un dessin supportable ; on pourrait presque assurer que jamais un des concurrents n'est arrivé à dessiner correctement une académie. Les études d'animaux sont également impuissantes et imparfaites ; il faut donc commencer, dans le cas donné, par faire une remise complète sur la prétention qu'on pouvait avoir de rencontrer des paysages historiques, c'est-à-dire des paysages où une action donnée tienne une certaine place et soit réalisée avec quelque relief ; en supprimant de toutes les toiles exposées les figures d'hommes et d'animaux, qu'assurément elles y gagneraient !

Mais à tout le moins avons-nous des paysages, en consentant à les dépeupler ? La chose assurément est fort contestable, et il y a encore beaucoup à rabattre sur cette prétention ainsi restreinte.

De quoi s'agissait-il ? De nous peindre un horizon de la Grèce, de reproduire une de ces natures riantes et privilégiées que caresse avec amour le soleil, et sur laquelle l'artiste ne saurait jamais trop répandre de trésors ; car l'imagination de tous les spectateurs se ferait ici complice de toutes les exagérations de beauté que la fantaisie du peintre aurait pu enfanter. Par un arrangement tout différent, tous les concurrents, en s'inspirant de la manière grave et sévère de Poussin, ont paru se faire une étude de donner à leurs compositions un aspect ombreux et mélancolique, et la première convenance du sujet a été par eux désertée et méconnue. Il en est même qui ont poussé si loin l'oubli de la nature qu'ils avaient à reproduire, qu'ils n'ont pas même su rappeler dans le dessin de la fabrique le style de l'architecture grecque, qu'on n'accusera pas cependant l'École royale de ne pas faire étudier à ses élèves. Toutes ces toiles ont l'air de jouer avec le programme à qui perd gagne et sont autant de démentis donnés à la nature joyeuse et resplendissante que celui-ci leur avait demandée.

Reste vrai, après cela, que, dans plusieurs, des parties se rencontrent dignes d'éloge; que, prises isolément, certaines études d'arbres sont remarquables; que plusieurs détails accusent une main habile et exercée, quelquefois même une science relativement habile dans la répartition de la lumière et dans l'harmonie de la couleur; mais ce qui manque dans tous ces tableaux, c'est la grandeur et la poésie des lignes, c'est le sentiment de cette étendue, nous avons presque dit de l'infini, qui est la source de toute émotion dans la contemplation d'un paysage. Avec son pinceau et un peu de pratique, il n'est pas un artiste qui ne puisse dresser quelques arbres sur une toile, échelonner des plans et faire fuir un horizon; mais c'est par son âme qu'il fait passer sur la toile, que tout cela s'anime et prend vie; un paysage sans ce souffle inspirateur, c'est un tableau de nature morte ; comme celui où l'on nous peint à l'usage des salles à manger, du gibier saignant, un panier de pêches et des grappes de chasselas.

Si maintenant, entre toutes ces impuissances, on nous engageait à en couronner une, nous aurions à choisir entre le numéro un et le numéro huit. Dans le premier, il y a peut-être plus d'habileté de main, et dans le second un peu plus de ce qui approcherait de quelque chose de ressemblant à la pensée ; mais, encore une fois, nulle part ne se révèle là un maître en herbe, et peut-être aucun prix ne devrait être décerné.

Cependant, par les considérations que nous avons indiquées en commençant, on peut être conduit à prendre un parti moins sévère. Le concours de ce genre n'ayant lieu que tous les quatre ans, les encouragements du gouvernement peuvent, sans qu'on les regrette trop, essayer, même avec peu de chance de réussir, de créer un talent auquel les occasions d'étude ont peut-être manqué avant tout ; on ne peut, toutefois, en considérant l'état de l'art pris hors de l'École, en voyant les fortes études et les bons résultats obtenus dans le paysage par de jeunes talents qui n'ont pas songé à courir la carrière de la couronne académique, s'empêcher de faire une comparaison tout à fait au désavantage de l'enseignement officiel et trouver une raison de plus pour prétendre que les grands talents naissent d'intuition, par le développement de leurs propres forces à l'air libre, bien plus que par les secours étrangers et par la culture sous châssis.

(*La Charte de 1830*, 10 septembre 1837.)

II

CONCOURS DE SCULPTURE

Le programme certifié conforme par le secrétaire de l'Institut est ainsi rédigé : *Marius, assis sur les ruines de Carthage, médite sur l'inconstance de la fortune.*

Il est difficile de choisir un sujet plus en dehors des moyens de la sculpture ; d'abord, comment faire comprendre que le cube de terre glaise sur lequel ce personnage de chétive apparence est assis dans une pose burlesquement dramatique appartient aux débris d'un monument de Carthage ? Et comment traduire par des procédés plastiques cette idée de méditation *sur l'inconstance de la fortune ?* Ce serait beaucoup plus exécutable en poésie. Qu'on nous permette de rapporter, à ce propos, une conversation du peintre David avec un littérateur de ses amis.

« Tu es bien heureux, toi, de faire de la littérature, tu dis tout ce que tu veux ; au lieu que nous autres nous sommes obligés de retourner un sujet de cent mille manières avant de parvenir à nous faire comprendre ; par exemple, tu as à représenter des *amants sur les Alpes;* tu mets dix pages d'Alpes et dix pages d'amants. On voit tout de suite que ce sont des amants sur les Alpes. Mais moi, comment ferai-je ? Si je peins des amants de grandeur naturelle, je n'aurai plus de place, et je ne pourrai faire qu'un petit bout d'Alpes grand comme la main. Qui diable verra que ce sont les Alpes ? Il est vrai, j'ai la ressource de composer mon gazon de plantes alpestres pour caractériser l'endroit ; mais bien peu de personnes connaissent les plantes alpestres, et d'ailleurs je ne suis pas un peintre naturaliste, et je ne sais faire que des plantes historiques. Si je peins les Alpes de grandeur naturelle, je n'aurai plus que de petits amants de trois lignes de haut, des amants imperceptibles, des amants de rien du tout ; c'est impossible de se tirer de là : de petits amants avec de grandes Alpes, ou de grands amants avec de petites Alpes ; entends-tu mon raisonnement ? Je ne peux pas bien m'exprimer, parce que j'ai une boule dans la bouche, mais je sais bien ce que je veux dire. »

Martynn, le célèbre auteur du *Déluge*, de la *Destruction de Ninive*, du *Festin de Balthazar*, a composé un *Marius sur les ruines de Carthage;* il a pris le parti de faire les *Alpes grandes* et les *amants petits;* son Marius n'est qu'un point blanc, la Carthage est démesurée comme toutes les villes de Martynn ; ce sont des profondeurs incroyables où des éclairs révèlent d'autres profondeurs qui se reculent à l'infini ; on voit d'immenses colonnades, des tours et des terrasses, des escaliers, des rampes et des pylones, des entassements de palais superposés comme Martynn sait en faire ; on dirait la réalisation d'un cauchemar architectural. Certes, un pareil spectacle doit inspirer de la rêverie et faire méditer sur l'*inconstance de la fortune.*

La sculpture, art totalement dénué de perspective, et d'ailleurs invinciblement dominé par une matière inflexible, se refuse donc à rendre ce programme ; l'artiste, quelque talent qu'il ait, ne peut faire sentir ce qui cause la rêverie de Marius, en admettant toutefois qu'une méditation sur l'inconstance de la fortune puisse s'exprimer avec les plus simples lignes du modèle. Car l'on ne peut admettre que ces tourtières et ces moules de gâteaux de Savoie éparpillés à terre entre les jambes de Marius fassent jamais naître l'idée de la ville de Carthage, la fastueuse rivale de Rome. Les élèves ont si bien senti l'obscurité du programme, que plusieurs ont écrit tout bonnement sur un moellon : *Carthage;* il est à regretter qu'on n'ait pas gravé sur le dos du bonhomme : *Marius,* et qu'on ne lui ait pas fait sortir de la bouche un rouleau avec cette inscription : « Va dire à ton maître que tu as vu Marius sur les ruines de Carthage ! » Où bien le fameux vers :

Et ces deux grands débris se consolaient entre eux.

Cela rappelle les peintres du moyen âge qui écrivaient, à côté des objets qu'ils ne pouvaient suffisamment caractériser, *pulcher homo* ou *currus venustus*.

Huit élèves ont été admis au concours. Voici leurs noms dans l'ordre de la réception : ce sont MM. Cavalier, Gruyère, Vilain, Robinet, Chambard, Diebolt, Rochet et Pascal. Dire lequel de ces messieurs doit l'emporter sur les autres serait une chose difficile ; on peut seulement affirmer sans crainte qu'ils sont tous d'une médiocrité non d'or, mais de plomb ; il faut parcourir plusieurs fois cette ligne de terre grise, d'un aspect triste et froid, pour apercevoir la plus légère différence entre une composition et l'autre.

Presque tous ces Marius, puisque c'est Marius que cela se nomme, ont les mines les plus féroces et les plus rébarbatives du monde ; ils froncent les sourcils, se mordent les lèvres, tendent leurs muscles à les rompre et montrent des figures plus rechignées qu'Atlas à qui l'entablement du ciel meurtrit les épaules. Il me semble qu'un homme qui songe n'a pas besoin de déployer un aussi formidable appareil de musculature ; le propre de la pensée est de dénouer les nerfs et de suspendre l'action physique. Il fallait, au contraire, chercher des poses molles, abandonnées, affaissées ; montrer le corps absorbé par l'idée, ce qui était assez malaisé, la sculpture absorbant plutôt l'idée au profit du corps. Il fallait enfin faire tout le contraire de ce qu'on a fait ; la plupart de ces académies sont courtes, strapassées et ne paraissent pas ensemble ; aucune n'a de profil du côté du dos ; toute statue doit avoir plusieurs aspects et pouvoir se regarder de tous côtés ; c'est un précepte que MM. les élèves paraissent avoir oublié ainsi que plusieurs autres non moins importants. Les têtes sont d'un caractère ignoble, sans le moindre style, et dénotent une absence totale du sentiment de la beauté. Quoique Marius ait été forgeron, ses hautes destinées devaient avoir laissé un reflet glorieux et solennel sur sa figure ; ici, ce n'est qu'un forgeron assis sur une enclume.

Somme toute, ce concours est un des plus faibles que nous ayons vus. Quelques personnes paraissent préférer le troisième et le cinquième numéro ; il est possible que ces quelques personnes aient raison, cela importe peu.

(*La Charte de 1830*, 17 septembre 1837.)

III

CONCOURS POUR LE GRAND PRIX D'ARCHITECTURE

(Exposition des ouvrages des pensionnaires de Rome.)

Les envois de Rome ont, cette année, peu d'importance et laissent à penser que l'école est plus occupée d'étudier que de produire ; mais ne serait-il pas convenable que le public fût mis dans la confidence de ces études, et les élèves ne devraient-ils pas, à la fin de chaque année, fournir un certain résultat qui mît à même de juger de leur travail et de leurs progrès ? Il ne s'agirait pas d'envoyer à Paris des tableaux ou des ouvrages de nature à figurer dans une exposition, car nous ne trouvons aucune nécessité à exiger des pensionnaires de Rome des ouvrages faits pour la *montre*, et qui souvent les dérangeraient d'études plus sérieuses ; mais comme, en définitive, ils ne sont pas supposés passer à Rome leur vie en pleine oisiveté, on pourrait, ce me semble, choisir entre les travaux que chacun d'eux a exécutés pendant l'année scolaire et nous en adresser une manière d'échantillon, de façon à ce que nous ne fussions pas obligés de croire, sur parole, qu'ils emploient leur temps le plus utilement possible ; il y a, à l'endroit de l'utilité de l'école de Rome, assez d'incrédules, pour qu'on prît la peine de justifier par ce moyen de la convenance incessamment soutenable de cette institution.

M. Flandrin, déjà connu par quelques ouvrages remarquables, occupe dans cette exposition la plus grande place. Le public s'arrête avec intérêt devant une figure d'étude de cet artiste ; elle est d'un bon faire et d'un dessin distingué ; le modelé en est ferme et bien étudié ; la couleur, qui ne paraît jamais devoir être le grand mérite de M. Flandrin, est la partie la plus faible de cette peinture, qui est une expression assez vraie des résultats qu'on peut attendre de l'impulsion que doit donner aux études le directeur actuel de l'école de Rome. M. Flandrin a, en outre, envoyé une grisaille d'après un groupe de l'*École d'Athènes*, de Raphaël, et une esquisse agréablement composée, dont le sujet est les *Bergers de Virgile*.

M. Jourdy a produit une figure de *Faune bacchant*, sujet qui paraît être de tradition dans les travaux des pensionnaires. La couleur de cette figure, qui aurait pu prêter à une palette puissante l'occasion de se développer dans toute sa richesse, est *chauffée* plutôt que chaude et éclatante ; le dessin n'a rien de remarquable ; en somme, c'est un de ces ouvrages dont il y a peu de chose à dire.

MM. Salmon et Bridoux ont exposé, le premier un dessin à l'aquarelle de la *Madone au pieux donataire*, de Balthazar Peruzi ; le second, un dessin de *Sainte Cécile distribuant ses biens aux pauvres*, d'après le Dominiquin. Ces deux ouvrages, exécutés avec soin et d'une manière assez naïve, ne sont pas remarquables par une grande fermeté et une grande habileté de dessin ; ce reproche s'adresse surtout au travail de M. Bridoux.

Les travaux de sculpture se composent, en premier lieu, d'une figure en marbre de M. Jouffroy. Cette figure, assez malheureusement placée dans la seconde cour de l'École, où elle est quasiment invisible à l'éclat éblouissant du soleil, nous a paru d'un travail consciencieux et sévère. Peut-être peut-on reprocher à l'auteur, qui a eu l'intention de représenter Caïn après la malédiction, de n'avoir pas donné assez de relief à la pensée dont son œuvre est l'expression ; il semble qu'un peu plus de mouvement et d'action devrait animer ce maudit de Dieu, qui a l'air de méditer avec un calme assez recueilli sur son avenir ; mais nous pensons que l'auteur a très convenablement fait en conservant à son modèle la beauté des formes qui devait se rencontrer chez l'homme à une époque si rapprochée de la création.

Nous avons vu trop souvent les artistes ayant à représenter Caïn nous le représenter sous l'aspect d'un galérien ayant fait le voyage de Brest dans la voiture cellulaire. Cette diffamation du premier des meurtriers est assurément morale et pleine de bonnes intentions, mais elle manque complètement de vraisemblance; la dégradation physique amenée par les habitudes morales ne s'opère pas aussi rapidement que paraissent le croire ces peintres et sculpteurs criminalistes. M. Jouffroy a eu raison en laissant à son Caïn la forme puissante et glorieuse dont devait se montrer revêtu le premier-né des deux êtres les plus parfaits qui aient jamais travaillé à la reproduction de leur espèce, et malgré le défaut que nous avons cru entrevoir dans sa figure, elle reste une œuvre d'une exécution fort belle et d'une grande distinction.

M. Simart, dans son *Joueur de ruzzica*, s'est évidemment inspiré du Discobole antique ; mais il ne paraît pas avoir visé à la noblesse et à l'idéalité dans cette *école*. Prise comme étude de la nature courante et vulgaire, sa figure mérite les éloges et est traitée avec fermeté et bonheur.

Le *Saint Sébastien* de M. Brian est d'une expression froide et d'une exécution peu accentuée. Peut-être l'auteur a-t-il voulu laisser comprendre la sévérité de la mort d'un martyr; mais ce n'était pas la nature physique qui jouissait de ce calme et de ce repos, car alors le martyre fût devenu une sorte de partie de plaisir; ce n'est tout au plus que sur le visage, miroir des affections morales, que doit se peindre la tranquillité de l'homme mourant pour sa religion au sein des souffrances; le reste du corps doit être en proie aux crispations de la torture et de la mort violente, de manière à laisser voir qu'il y a eu lutte, et que dans cette lutte le saint a triomphé.

M. Brian a, en outre, exposé un buste et un groupe de *Daphnis et Chloé*, où quelques personnes trouvent de la grâce; ce mérite nous a peu frappé.

M. Farochon, qui est un très jeune homme, a exposé une restauration d'un bas-relief antique, représentant *Médée et les filles de Pélias*. Le travail est exécuté avec intelligence et naïveté. Un de nos confrères, sans doute par inadvertance du prote de son journal, a singulièrement diffamé, en rendant compte de cet ouvrage, la déesse de la sagesse. Il nous parle de *Médée* et des *filles de Pallas*. On voit qu'il n'est pas de réputation si bien établie et si anciennement acquise, qui se puisse assurer de ne pas tomber en proie à la calomnie.

M. Morey, pensionnaire pour l'architecture, a envoyé le plan d'un Panthéon, et, par une singulière coïncidence, le sujet du concours pour le grand prix de cette année est également un Panthéon destiné à recevoir les cendres des grands hommes. Il y a, à ce sujet, une difficulté, c'est que les Panthéons, alors même qu'ils existent, ont la plus grande difficulté à fournir leur destination. Nous en avons un dont les frais sont faits depuis longtemps, et qui est debout sans qu'on ait pu encore s'entendre sur les hôtes par la présence desquels on pourra consacrer définitivement sa dédicace. Un Panthéon, de notre temps, est une espèce d'hypothèse impossible, que l'on ne devrait pas donner à réaliser à un art qui, avant tout, vit de pratique et ne peut guère être considéré que comme un rêveur quand il n'exécute pas ailleurs que sur le papier.

Entre les travaux de huit concurrents qui se sont évertués sur le sujet donné, le public remarque particulièrement celui de M. Guénépin, numéro un, qui, si nous ne nous trompons, a déjà obtenu à un concours précédent un second prix. Les numéros deux et quatre, MM. Durupt et Godebœuf, ont aussi réalisé des projets qui ne sont pas sans mérite.

Nous ne finirons pas sans appeler l'attention sur les travaux d'architecture envoyés de Rome par M. Baltard. Ce sont de bonnes et intelligentes études sur les temples d'Agrigente et de Solinunte, où l'on remarque une curieuse palingénésie de l'emploi que les anciens faisaient des couleurs pour la décoration intérieure et extérieure des édifices.

La série des expositions pour l'année scolaire 1837 sera fermée par l'exhibition prochaine des ouvrages couronnés.

(*La Charte de 1830*, 23 septembre 1837.)

LES FÊTES DE JUILLET

VUES DE MONTMARTRE

LES FÊTES DE JUILLET

VUES DE MONTMARTRE

Deux fois dans ma vie il m'est arrivé de croire que j'avais une idée neuve ; je n'avais pas encore lu les vers de *Namouna* :

> Il faut être ignorant comme un maître d'école
> Pour croire que l'on trouve une seule parole
> Qui n'ait pas été dite une fois avant nous ;
> C'est imiter quelqu'un que de planter des choux.

Le *Nihil sub sole novi* est cruellement vrai.

La première de ces idées était qu'Adam et Ève ne devaient pas avoir de nombril, n'ayant pas été portés dans les flancs d'une femme. J'imaginais sincèrement être le seul homme qui se fût jamais inquiété de ce détail anatomique. Hélas ! je lus par hasard dans je ne sais quel bouquin enfumé que cette question avait été vivement agitée au moyen âge, et que deux peintres, s'étant pris de querelle à ce sujet dans une église où ils peignaient des fresques, avaient passé des paroles aux voies de fait et s'étaient entre-tués, en l'honneur du nombril d'Adam : singulier motif de querelle.

La seconde de ces idées neuves consistait à monter sur les tours de Notre-Dame pour voir le feu d'artifice du quai d'Orsay.

Je dois avouer que je trouvai deux cent soixante-deux personnes assises sur la plate-forme, dont cent trente et une étaient tournées du côté de la barrière du Trône, à l'intention du feu d'artifice que l'on y tire pour faire diversion à celui du pont de la Concorde.

Je fus profondément humilié de voir une intention si délicate et si triomphante partagée par deux cent soixante-deux manants ; s'il n'y en avait eu que deux cent cinquante, compte rond, j'aurais pris mon parti, et je me serais consolé ; mais ce nombre de deux cent soixante-deux me parut ironique et insultant.

Cette année, peu curieux de réciter le vers de Victor Hugo :

Voisin, votre coude est pointu,

je me hissai sur la croupe de Montmartre, cette

butte boisée de moulins, qui semble un vrai Chimboraço aux débonnaires habitants de Paris, et j'éprouvai la même déception. Tout le monde craignant pour ses cors, ou pour ses côtes, s'était retiré sur la montagne comme la fille de Jephté pleurant sa virginité avec ses compagnes.

Il n'était pas encore nuit; — mais déjà l'horizon avait mordu de sa mâchoire bleuâtre le disque enflammé du soleil qui semblait le bouclier d'un Titan rougi dans une fournaise. — Tout ce côté du ciel était d'un rouge violâtre traversé de veines de nuages gris comme un magnifique porphyre africain.

Cette teinte ardente, pareille à la fumée d'un incendie, se fondait par une dégradation insensible avec le lapis-lazuli de la portion suprême du firmament, piqué de quelques étoiles éveillées à peine qui entr'ouvraient en tremblant leurs paupières dorées. Le gris pur de la nuit envahissait tout le reste.

Des bancs de brumes blanchâtres moutonnaient sur Paris qui, vu de cette hauteur, faisait l'effet d'une mer pétrifiée dans un moment de tempête. Chaque toit formait une vapeur dont la fumée était l'écume; de longs rayons d'un fauve sanglant glissaient horizontalement sur les crêtes des bâtiments, allumant de loin en loin une vitre, comme une écaille au flanc d'un poisson. C'était superbe, au-dessus de toute peinture et de toute description...

L'horizon acheva de dévorer le soleil; il ne lui en

restait plus entre les dents qu'une tranche d'un jaune pâle et qui s'amincissait de plus en plus. Le soleil englouti, l'ombre estompa la ville comme un dessin qu'on efface ; quelques tours seules, quelques hauts sommets conservaient encore sur leur front le blond baiser et la dernière caresse de l'astre disparu.

Alors, l'Arc de triomphe, ce gigantesque éléphant aux quatre pieds de granit, s'éclaira comme par enchantement ; deux ou trois lignes de points lumineux festonnèrent ses flancs noirs. Il soufflait une bise à décorner les bœufs, et les blanches étoiles de l'illumination vacillaient et plongeaient sous la violence de ce souffle nocturne et semblaient s'éteindre par instants ; mais elles reprenaient bientôt leur pétillement étincelant et le monument flamboyait dans la nuit comme un phare glorieux. L'Arc de triomphe allumé, une pluie de paillettes d'or s'éparpilla sur le velours noir de l'obscurité. L'illumination gagnait la ville.

Le Panthéon, gravement assis sur la croupe de sa colline, avait l'air, avec sa tiare de lampions, d'un pape donnant la bénédiction *urbi et orbi;* Notre-Dame portait à son double front un simple fil de diamants lumineux ; quelques lueurs rougeâtres faisaient deviner Napoléon, le Stylite impérial, debout sur le haut de son grand canon de bronze tourné contre le ciel, et de l'autre côté de la Seine, dont le cours était indiqué par une large traînée de brume chaude et rousse, rayonnait, suspendue dans l'air comme dans un météore de gloire, l'étoile de la Légion d'honneur.

C'était un coup d'œil tout à fait babylonien, et je doute que Beelthedzer ou Teglath-Phalasar ait jamais contemplé un panorama plus magique du haut de la dernière des huit tours superposées du temple de Bélus ; figurez-vous une gravure de Martynn de sept lieues de grandeur.

La nuit étant tout à fait tombée, les premières fusées du feu d'artifice commencèrent à s'élever dans le bleu sombre du ciel, en faisant des ricochets lumineux, puis, arrivés à leur apogée, elles éclatèrent et se fondirent en une brume d'argent ; elles furent saluées par un hourra joyeux, car les dieux du faubourg, perchés sur l'Olympe de la butte Montmartre, commençaient à s'impatienter et à demander la toile.

Les pièces s'enflammaient les unes après les autres. De cette hauteur, on ne voyait guère que la réverbération. Ces éclairs intermittents, qui paraissaient sortir du ventre de la terre et dessinaient vivement les tranches et les îlots de maisons, produisaient un effet mystérieux et féerique. De petites boules tricolores qui montaient et descendaient, se croisant les unes avec les autres comme les globes de cuivre entre les mains d'un jongleur, formaient un spectacle très amusant à l'œil. Enfin, l'on arriva au bouquet ; il s'épanouit dans l'obscurité, comme une grande gerbe d'épis d'or, aux barbes d'argent entremêlées de pavots et de bluets de flamme, ou comme la queue du paon de Junon, faisant la roue auprès du trône lumineux de sa belle maîtresse ; puis tout s'éteignit et il ne resta qu'un grand nuage d'un blanc laiteux avec des ombres blondes comme celles des camées, que le vent pétrissait et déformait de ses mains invisibles.

Je relevai la tête, et je vis les étoiles avec leur prunelle jaune comme des yeux de lion, qui regardaient d'un air moqueur les lampions qui s'éteignaient ; elles brillaient, papillonnaient, scintillaient, flamboyaient dans l'air froid de la nuit et redoublaient d'éclat, à mesure que la fête pâlissait ; elles semblaient dire : Quelle illumination vaut la nôtre qui s'allume tous les soirs et à laquelle personne ne prend garde ? Quoique j'eusse trouvé le feu d'artifice fort beau, je ne puis m'empêcher d'être de l'avis des étoiles. Mon paradoxal ami me soutint que les lampions étaient plus agréables et finit la soirée en me démontrant que j'avais les cheveux rouges.

(*La Charte de 1830*, 3 octobre 1837.)

LE CHEMIN DE FER

LE CHEMIN DE FER

Les chemins de fer sont à la mode comme les montagnes russes, les diables, les bilboquets et les montgolfières l'ont été dans leur temps ; les spectateurs et les actionnaires ne rêvent que *rails-road*, *rails-way*, *locomotives Waggory* et autres mécaniques plus ou moins ferrugineuses ; selon eux, la face du monde doit être renouvelée par cette précieuse invention :

L'antique pesanteur à tout objet pendante,

la distance, disparaîtront de la terre dans un temps donné ; les coursiers arabes de la race du Prophète, les pur sang anglais, les cerfs, les lévriers et tous les animaux les plus vites vont être relégués dans la classe des paresseux et regardés comme des tortues, des caïmans et des aïs; les haras sont abolis, et on fera dans quelque cent ans d'ici l'exhibition du dernier cheval aux foires et aux fêtes publiques comme on montre aujourd'hui des sirènes, des lapins savants et des femmes barbues; les Cuvier et les Saint-Hilaire futurs se livreront à la paléontologie à propos des molaires d'un cabalotharium quadrupède ante-chemin de fer trouvé dans les glaises et les terrains tertiaires de Montfaucon. Tout cela est très beau et cette poésie du chemin de fer en vaudrait bien une autre; malheureusement le chemin de fer ne peut être envisagé que comme une curiosité scientifique, une espèce de joujou industriel. La structure de la terre, où les montées succèdent aux pentes et ainsi de suite pour l'écoulement et la répartition des eaux, s'oppose nécessairement à l'établissement des grandes lignes, où la variété du niveau exigerait d'immenses travaux de remblai et des dépenses telles que le plus grand succès dans l'entreprise pourrait à peine les couvrir; les pays d'alluvion, comme la Hollande et la Flandre; les grands plateaux du Céleste Empire, où les voitures et les chariots marchent à la voile, se prêtent à l'emploi avantageux de cette invention anglo-américaine; autrement ce sont des éminences qu'il faut couper comme des verrues, des tunnels, des ponts, des galeries souterraines, des viaducs à construire, des montagnes à éventrer et à percer à jour, des terrasses à élever, des entassements babyloniens pour éviter cinq à six pouces de déclivité.

La rapidité de la communication ne pourra jamais compenser des frais si énormes; et qu'importe, après tout, que l'on ait une chose dans deux jours ou dans huit? On en est quitte pour la demander plus tôt, et même la continuité des arrivages vous dispense de cette précaution. Quant à la question du bon marché, elle est nulle; les compagnies qui exécuteront les chemins de fer seront obligées d'exiger un tarif exorbitant pour ne pas se ruiner et les transports reviendront à un prix aussi élevé qu'auparavant. Mais laissons là toutes ces considérations mélassigènes qui sentent le commerce et l'industrie, n'empiétons pas sur les droits de messieurs de l'économie et de l'utilité; bornons-nous à décrire, ce qui est de notre métier; mais avant de commencer, qu'on nous permette encore une question : Si les chemins de fer et les machines à vapeur prennent cette extension que rêvent certains enthousiastes, on trouvera-t-on du charbon de terre pour faire marcher tout cela? Le charbon ne se plante pas, et il faut des milliers d'années avant que de nouveaux courants de minerai se forment dans les veines des filons épuisés; les forêts ont déjà disparu; comment fera-t-on lorsque tout le charbon de terre et toute la houille seront consumés? L'homme pourra-t-il découvrir un autre combustible ou créer une nouvelle bête de somme pour remplacer le cheval disparu ? Ce ne sera pas un spectacle médiocrement bouffon que de voir les charretiers de l'avenir assis sur leurs marmites refroidies et obligés à pousser eux-mêmes leurs wagons ou à les faire traîner par des vaches ou des poules.

Le chemin de fer de Paris à Saint-Germain excite à un haut degré l'attention des habitants de la bonne ville, et c'est avec raison ; il réunit toutes les magnificences du genre ; le point de départ est marqué par un véritable palais ; des salles d'attente sont préparées pour les voyageurs, et ce ne sont pas des sinécuristes que ces honnêtes salles, car pour un trajet de trente minutes, on attend bien deux heures et demie.

Les bureaux où l'on prend ses billets sont entourés de grilles de bois disposées comme celles qu'on voit aux abords des théâtres ; ces grilles, qui se compliquent en manières de grecques et qui décrivent plusieurs zigzags tout à fait dédaliens, font faire aux queues de voyageurs une promenade d'agrément d'une ou deux lieues, sans sortir de la même chambre. Enfin, par des travaux et des périls sans nombre, vous arrivez au bienheureux bureau ; l'on vous délivre une petite languette de papier où la première chose qu'on aperçoit est une faute de français : *Paris à Saint-Germain*. Peut-être n'est-ce qu'une magnifique hyperbole signifiant qu'au moyen de rails et de wagons les villes sont les unes dans les autres et se transvasent avec facilité.

La salle est décorée d'une façon très splendide et très élégante, dans le style de la Renaissance ; des cadres d'architecture, rehaussés de filets d'or, entourent des figures allégoriques d'une couleur vive et chaude, qui deviendraient aisément de bons tableaux ; l'une drapée à l'antique représente la science au temps d'Archimède ; l'autre en costume du moyen âge tient un livre ouvert où est écrit : *Invention de l'imprimerie et de la poudre à canon ;* en regard sont peintes deux femmes, dont la première symbolise l'invention de la vapeur, et la seconde l'invention des métiers à filer ; cette figure est charmante ; des médaillons sur fond d'or, des portraits de savants mathématiciens, d'inventeurs de tous les pays et de tous les siècles complètent la décoration. Le haut de la salle est tendu de cuir fauve à grands ramages d'un effet noble et sévère ; le plafond est divisé en grands compartiments avec les poutres et les membres de maçonnerie apparents ; de chaque côté de cette salle sont pratiquées deux autres chambres plus petites et d'un ornement moins fleuri, destinées aux places inférieures ; une boiserie de chêne, une tenture de damas vert à dessins courants, des banquettes analogues en forment l'ameublement. De grandes fenêtres cintrées laissent tomber sur toute cette décoration un jour abondant et limpide.

On pourrait donner le plus charmant bal du monde dans ces salles d'attente ; il n'est pas besoin de dire que toutes ces élégantes dispositions sont dues à la fertile imagination de MM. Feuchères, Séchan, Diéterle et Desplechins, les ingénieux décorateurs de l'Opéra. Il n'y a qu'eux de capables d'arranger avec cet esprit, cette richesse et cette grâce ; en vérité nous ne nous imaginions pas rencontrer tant de splendeur au chemin de fer, qui est de sa nature assez chaudronnier et assez anti-pittoresque.

Jusqu'ici c'est fort bien, le chemin de fer se présente sous les apparences les plus attrayantes ; il vous a fait des surprises agréables ; vous croyez entrer dans une forge, dans un antre de cyclope tout noir de fumée et de charbon, et vous vous trouvez dans une salle du palais d'Aladin, vous êtes en pleines *Mille et une Nuits*, dans une ravissante décoration d'opéra ; mais, ne vous y fiez pas, le chemin n'est pas aussi bon enfant qu'il en a l'air ; approchez-vous de ces petites affiches encadrées de noir, et vous y verrez les avis les moins rassurants du monde.

Avis. — Les voyageurs qui tiennent à leur tête sont priés de ne pas la sortir hors des voitures, attendu qu'ils seraient guillotinés subitement tout vifs en passant sous les ponts et sous les voûtes.

Il ne faut pas se lever, se tenir debout dans les voitures, sous peine d'être lancé sur le rail-way, où l'on serait incontinent coupé en rouelles, dru et menu comme des légumes de julienne, par les roues des wagons.

Les personnes prudentes feraient bien de s'abstenir de se moucher ; on ne sait pas ce qui peut arriver.

On est prié de ne pas fumer ; la fumée du tabac et celle du charbon de terre ne s'accordent pas bien ensemble. On ne doit pas amener de chiens de peur que leurs aboiements n'épouvantent le cheval de vapeur (*steam horse*) et ne lui fassent prendre le mors aux dents..., etc., etc.

L'âme saisie de terreur, on reste immobile sur sa banquette, de crainte de faire éclater quelque chose quelque part. Vous étiez parti dans l'honnête dessein d'aller à Saint-Germain, et vous commencez à croire que vous pourriez bien arriver par morceaux dans quelque planète, sur les ailes d'une explosion. L'heure sonne et la cloche qui appelle les voyageurs vous semble avoir des tintements tout à fait funèbres.

Au pied de l'escalier, vous trouvez le cheval de vapeur tenu en laisse par des pages noirs et tout barbouillés de suie ; l'étrange animal s'impatiente ; il brûle de se lancer au galop sur les rainures, il a du feu dans les yeux et la fumée lui sort des narines en longs tourbillons. Il ne jette pas comme le cheval son hennissement en fanfares éclatantes ; mais il a une espèce de râle strident, un grognement de mauvaise humeur d'un effet singulier ; on dirait d'un monstre marin enrhumé du cerveau qui pousse l'eau par des évents obstrués, ou le renâclement d'un serpent de mer qui aurait avalé un vaisseau de travers. Quoiqu'il soit infatigable, il a l'air de s'efforcer, de haleter et de se donner beaucoup de peine ; cette vie inanimée a quelque chose de bizarre et d'effrayant ; c'est trop vivant pour une marmite, et trop mort pour un cheval. Bizarre création, qu'un animal de tôle et de fer, à qui le feu tient lieu d'âme et la vapeur de souffle. On casemate les voyageurs dans leurs voitures respectives, et, après deux ou trois fanfares de trompettes, on lâche la bride à la marmite, qui part au pas de course et prend bientôt le galop.

On s'enfonce d'abord sous une voûte obscure, où la fiente d'étincelles que laisse tomber en courant le cheval de vapeur jette par moment de rougeâtres clartés. Cette voûte est le passage le plus anacréontique du chemin de fer, que l'on n'aurait pas cru capable d'immoralité ; la voûte est son boudoir. Dans l'intérêt des mœurs, on devrait bien éclairer avec des becs de gaz ce souterrain attentatoire à la décence publique et inquiétant pour la pudeur.

Vous voyez bientôt la lumière du ciel et le soleil, et vous filez assez rapidement au fond d'une tranchée dont les rebords sont garnis de grillages et de curieux ; puis ce sont des ponts, des ponceaux, des remblais et toutes sortes d'accidents de terrain qu'il a fallu vaincre. La force de traction est inégale, sans doute à cause des différences de pente ; tantôt l'on va assez vite, tantôt l'on va très doucement, quelquefois pas du tout. Le *steam horse* a mangé toute son avoine de charbon et il faut aller chercher chez la fruitière la plus voisine un boisseau de braise pour le rallumer, ou bien il a pris la mouche, cassé ses harnais et galope tout seul jusqu'à Saint-Germain.

Le chemin de fer de Bruxelles à Anvers, sur lequel nous avons habité assez longtemps dans notre célèbre voyage en Belgique, nous avait accoutumé à une célérité bien supérieure ; les arbres fuyaient à droite et à gauche comme une armée en déroute ; les clochers disparaissaient et s'envolaient à l'horizon ; la terre grise, tigrée de taches blanches, avait l'air d'une immense queue de pintade ; les étoiles de la marguerite, les fleurs d'or du colza perdaient leurs formes et hachaient de zébrures diffuses le fond sombre du paysage ; les nuages et les vents semblaient haleter pour nous suivre. Quant aux berlines du chemin de fer de Saint-Germain, elles ne dépassent pas, en vitesse, un coucou médiocre.

(*La Charte de 1830*, 15 octobre 1837.)

ILLUSTRATIONS.

DE PAUL ET VIRGINIE

ILLUSTRATIONS

DE PAUL ET VIRGINIE

Qui n'a pas lu *Paul et Virginie*, la seule églogue que la poésie moderne puisse opposer aux charmantes naïvetés de Longus et de Théocrite? Qui n'en garde le souvenir doux et parfumé entre les plus chères réminiscences de première jeunesse? Si blasés que nous soyons par l'abus de la littérature alcoolique, les drames au vitriol et les romans de haut poivre, il n'est aucun de nous qui n'ait laissé tomber de ses yeux, secs aujourd'hui, une larme brûlante à l'endroit du naufrage du Saint-Géran.

Robinson Crusoé, *Paul et Virginie* sont deux romans humains impérissables, éternels; chaque génération nouvelle les dévore avec une avidité renaissante. *Robinson* est plus particulièrement le roman de l'enfance, *Paul et Virginie* celui de l'adolescence. Tout le monde a fait une île déserte dans le jardin de son père et s'est promené fièrement sous l'ombrelle de sa sœur où le parapluie de sa tante. *Robinson* remue dans les jeunes cerveaux ces idées d'indépendance et de vie sauvage innées chez l'homme. *Paul et Virginie* est le rêve que chacun fait à quinze ans. Une existence nonchalante et molle, sous un ciel tendre et bleu, avec une jeune fille blanche et douce ; des promenades dans les bois sur des gazons piqués de fleurs, par des clairs de lune veloutés, toute la poésie printanière du jeune âge.

Il n'est peut-être pas de livre qui résume plus complètement le vœu d'une âme qui s'éveille ; et, sous de certains rapports, *Robinson Crusoé* et *Paul et Virginie* sont, avec leur allure chaste et bonne, leur passion discrète et contenue, des romans d'un effet dangereux. Ils poussent sur la pente de la rêverie et de la solitude de jeunes esprits que réclament les devoirs de la société ; l'idéale figure de Virginie a préparé plus d'un désappointement amer ; le sauvage parfum de l'île de Juan-Fernandez a enivré bien des jeunes têtes, et le canot creusé si laborieusement par le pauvre solitaire, a entraîné bien des fantaisies dans des courants perfides et sur de périlleux récifs.

Nous ne prétendons pas ici nous livrer à une analyse littéraire du roman de Bernardin de Saint-Pierre ; c'est une œuvre jugée depuis longtemps et qui ne peut être mise en question ; mais les belles illustrations de M. Curmer nous ont fait relire *Paul et Virginie*, qui se passerait, au besoin, d'un pareil secours, et de *Paul et Virginie* notre pensée, par une rétrogradation naturelle, est remontée jusqu'au livre de Daniel Foë.

L'édition nouvelle, publiée par M. Curmer et imprimée chez Everat, est un véritable chef-d'œuvre d'élégance typographique ; nous croyons difficile d'aller au delà ; ce ne sont que vignettes, lettres ornées, fleurons, culs-de-lampe, têtes de pages, encadrements de la fantaisie la plus exquise et la plus variée ; de grandes vignettes sur bois, dessinées par Tony Johannot et gravées avec une perfection que le burin aurait peine à atteindre, forment un album séparé, d'une grâce et d'un intérêt extrêmes. Toutes les principales situations de l'histoire de *Paul et Virginie* y sont reproduites avec la plus poétique exactitude ; le passage du torrent, le bain dans la fontaine, la promenade au bois des pamplemousses, les ravissantes scènes dont la silhouette est restée si vive dans toutes les mémoires, rien n'y manque ; chaque estampe est séparée par un papier joseph, glacé d'un ton rose, portant écrit le nom du sujet ; nous disons ceci pour montrer le soin curieux qui a présidé aux plus minces détails de cette magnifique publication.

C'est une chose charmante que de lire un livre

ainsi décoré. Il serait compris par des gens qui ne connaîtraient pas leurs lettres ; l'histoire y est si nettement suivie par le dessin, qu'il serait impossible de s'y méprendre. Il est question d'une forêt : dans la page même vous voyez une forêt de Paul Huet, touffue, inextricable à l'œil, pleine d'ombres, de rayons, de chants et de murmures, avec ses hautes herbes, ses hamacs de lianes, ses troncs noueux et difformes se cramponnant aux rochers avec leurs doigts tordus, ses plantes étranges, aux larges feuilles veloutées, tout son luxe de floraison sauvage. On parle d'une fleur : la fleur grimpe aux jambages d'un M ou d'un N et s'épanouit subitement à côté de la description. Le P qui commence le mot palmiste est un palmiste lui-même, contourné en forme de majuscule. La mer retentit dans le style sonore de Bernardin de Saint-Pierre : aussitôt une mer d'Eugène Isabey s'élance avec furie contre les récifs, écume, bouillonne et déborde sur les marges de la page, le chien fidèle aboie en même temps dans la ligne et dans la gravure ; le bruit du départ de Virginie se répand dans l'île ; vous voyez les colporteurs avec leurs paquets sur leur dos qui cheminent sur la *justification,* attirés qu'ils sont par le sac d'écus de M. de Labourdonnaye ; ils se hâtent le plus qu'ils peuvent et tâchent de se dépasser ; au feuillet de droite sont étalés des tissus et des étoffes de toute espèce, des satins rayés, des mousselines à petites fleurs, des madras aux couleurs vives ; le sac d'argent répand ses écus à travers le ventre d'un O. Mille charmantes perspectives s'ouvrent inopinément au milieu des phrases ; c'est une clairière dans les bois avec sa trouée de jour, un site montagneux tout hérissé de rocailles, de plantes bizarres et découpant l'horizon de ses grêles dentelures ; c'est un marais où tremblent les roseaux, où les nénuphars étendent nonchalamment leurs larges feuilles dans des eaux opaques et huileuses, rayées çà et là de quelques brusques filaments de lumière, et qui n'a pour personnage qu'un héron à aigrette, le col méditativement renfoncé dans les épaules, et la patte levée en l'air et repliée sous le ventre ; ou bien une cascade filtrant à travers les roches et couvrant d'une poussière d'écume les troncs d'arbres voisins, tachetés de noires plaques de mousse. C'est la mer, sous mille aspects, tantôt douce et tranquille, n'ayant que des lignes transversales, tantôt tourbillonnante, échevelée, furieuse et représentée par des écheveaux de hachures nerveuses, convulsives, inextricablement brouillées sous les doigts de l'ouragan ; les vaisseaux et les barques fuyant comme des cygnes, les ailes ouvertes, ou labourant péniblement le dos monstrueux des vagues, les pingouins et les albatros tournoyant dans les nuages, tout ce que la nature des Antilles peut offrir de caractéristique et de pittoresque. Et, vers la fin, la chaste et pâle figure de

Virginie enlevée au ciel par des groupes d'anges, ou rasant de son pied d'albâtre bleui par la mort la pointe humide du gazon, dans le double rêve de Marguerite et de Mme Latour ; puis les spectres vengeurs, les hallucinations terribles de la mauvaise tante, et le rayon argenté glissant à travers les branches des pamplemousses sur la funèbre pierre blanche, dénouement mélancolique de cette ravissante histoire.

Dans le même volume se trouve imprimée la *Chaumière indienne*. L'on ne saurait rien imaginer de plus amusant et de plus varié que les vignettes de ce conte ; vous avez en six pages des vues de tous les pays : la synagogue d'Amsterdam, le synode de Dordrecht, le muséum de Florence, la bibliothèque de Saint-Marc à Venise, celle du Vatican à Rome, Constantinople, la mosquée de Sainte-Sophie, le monastère du Mont-Carmel, la ville de Sana-Ispahan, Delhi, Agra et Bénarès, l'Athènes des Indes ; avec cela la plus réjouissante collection d'originaux : des rabbins juifs à barbes rouges et à tricornes exorbitants, des ministres protestants à figures discrètes, œil vairon, nez pointu, ventre spiritualiste et mollets esthétiques ; des théologiens catholiques avec des cascades de mentons, des ventres d'hippopotame et une vraie santé chrétienne ; des académiciens de la Crusca des Arcades, perruques de toute forme et de toute dimension ; des *verbiest* américains en caftan de soie, des papas grecs, des mollahs turcs, des cheiks arabes, d'anciens parsis avec nez d'aigle, aux yeux charbonnés, aux sourcils arqués, la chibouque, le narguilé ou le hooka à la bouche. Des pagodes démesurées, des idoles monstrueuses, des brames, des parias, des paysages indiens d'une admirable beauté, des éléphants levant leur trompe en l'air, vous avez tout l'Orient en quelques feuilles.

Le plus grand éloge que nous puissions faire du livre, c'est de citer pour finir les noms des artistes qui ont concouru à ce magnifique monument de typographie; ce sont : MM. Tony Johannot, Paul Huet, Eugène Isabey, Français, Meissonier, Delaberge, Marville, pour les dessins, et pour la gravure : Sadler, Porret, Orrin, Smith, Brevière et tous les plus excellents artistes de France et d'Angleterre.

(*La Charte de 1830*, 11 décembre 1837.)

UTILITÉ DE LA POÉSIE

UTILITÉ DE LA POÉSIE

Il est bien convenu que le siècle n'est pas poétique, que les vers ne se vendent pas, et qu'il faut être enragé ou provincial pour en faire. Tout article sur un volume de poésie doit forcément commencer par des doléances ou des lamentations. Les critiques d'ailleurs n'aiment guère les poètes, et ils aiment encore moins les vers. Il est fort commode, en effet, de déprécier une chose que l'on ne comprend pas, cela vous pose sur un pied respectable et donne une haute idée de votre mérite; car quelques personnes ont encore la bonhomie de croire à ces grands airs et de s'y laisser tromper, et peu de gens songent à prier ces renards du feuilleton de se retourner et de faire voir leur queue. L'objection que les vers ne se vendent pas me paraît tout à fait sans importance et ne prouve rien contre leur excellence. Les plus belles choses ne se vendent ni ne s'achètent. L'amour, la beauté et la lumière ne se trouvent heureusement pas dans les boutiques. Au reste, aucun livre ne se vend ; les personnes les mieux nées ne rougissent pas d'envoyer louer des livres que leurs laquais n'osent qu'à peine rapporter avec un double gant ; des livres graisseux, tachés d'huile et de suif, sentant le comptoir et la cuisine, où chaque page porte l'empreinte d'un pouce qui n'a jamais été lavé, et les remarques stupides ou obscènes de quelque sergent de ville bel esprit et littérateur. C'est une honte. De belles et grandes dames, avec leurs mains charmantes aux doigts effilés, aux ongles roses qui n'ont jamais touché rien de rude et de grossier, feuillettent et manient sans crainte cette affreuse saleté qu'on appelle un roman nouveau !... En vérité, il ne serait pas superflu de présenter l'aiguière après la lecture comme après le repas. En Angleterre, les femmes de chambre seules s'approvisionnent aux cabinets de lecture. Si l'on veut un livre, on prend le nom et l'adresse du libraire et on l'envoie acheter. Et personne n'oserait avoir sur sa table un de ces volumes honteusement crasseux qui déshonorent les guéridons et les consoles des plus riches salons de France.

Un pareil état de choses est doublement nuisible sous le rapport de l'hygiène et de la littérature ; car, il ne faut pas se le dissimuler, grâce au cabinet de lecture, l'hôtel de Rambouillet est passé à l'office. Les cuisinières forment la plus grande partie de la clientèle des cabinets de lecture ; les portières forment l'autre, mais elles sont en général d'un goût moins dédaigneux et n'ont pas, à beaucoup près, autant d'influence. Si les vers ne se vendent pas, c'est que la cuisinière, semblable par ce côté au critique, ne peut pas souffrir les vers, parce que cela est trop frivole et n'a pas de suite. Quant à moi, je suis là-dessus de l'avis d'un jeune poète qui a fait de la charmante prose :

> C'est peut-être un blasphème, et je le dis tout bas :
> J'aime surtout les vers, cette langue immortelle ;
> Mais je l'aime à la rage ; elle a cela pour elle
> Que les sots d'aucun temps n'en ont pu faire cas,
> Qu'elle nous vient de Dieu, qu'elle est limpide et belle,
> Que le monde l'entend et ne la parle pas (1).

Que les vers se vendent ou ne se vendent pas, que le temps soit à la poésie ou non, toujours est-il que le nombre des poètes va toujours en s'augmentant.

---

(1) *Namouna,* par Alfred de Musset, paru en 1832 dans *Un spectacle dans un fauteuil* (daté 1833).

Quoi qu'on dise et qu'on fasse, il y aura toujours des poètes. Le besoin d'exprimer ses idées d'une manière rythmique est inné chez l'homme, et dans dans toutes les littératures le vers a précédé la prose, quoique le procédé contraire paraisse d'abord plus naturel ; avant l'invention de l'imprimerie et la propagation de l'écriture, il n'y avait que des poètes. La forme inflexible du vers, dont on ne peut déranger une seule syllabe sans en détruire complètement l'harmonie, se gravait plus profondément dans les mémoires et conservait beaucoup mieux ce qu'on lui confiait. Un distique passait par vingt bouches et ne subissait aucune variante ou interpolation, ce qui serait invariablement arrivé à une phrase de prose, si artistement combinée qu'elle fût. Puis, outre ces raisons, le plaisir qui résulte de l'harmonie et de la difficulté vaincue est très réel et très grand. Tous les utopistes à grand jargon, les économistes saint-simoniens, phalanstériens, palingénésiques, mystagogues, et tels autres gâcheurs de néologismes et de mauvais français, auront beau crier à l'inutilité et à la folie contre les poètes, ils n'empêcheront personne de faire rimer amour et jour. Inutilité pour inutilité, et folie pour folie, il vaut encore mieux des poètes. Watt, l'inventeur des bateaux à vapeur, n'est pas, à beaucoup près, un aussi grand génie que le rapsode Homère. Les Chinois, ce peuple de porcelaine et de vieux laques, qui, sous un extérieur étrangement bariolé, cache un sens exquis et une philosophie profonde, tirent des coups de canon sur les bateaux à vapeur, prétendant que c'est une invention barbare et indécente; ils ont raison, le bateau à vapeur, c'est la prose; le bateau à voiles, c'est la poésie. Le bateau à vapeur, noir, massif, construit entièrement en fer, sans banderoles ni pavillon, sans ces larges ailes de toile qui se gonflent si gracieusement au vent, avec sa forge et ses tuyaux de tôle vomissant une fumée fétide, affreux à voir, mais allant vite et loin, portant beaucoup et tirant peu d'eau, ne dépendant pas du caprice du ciel et de la brise, monté par des forgerons et non par des matelots, ne ressemble-t-il pas exactement à la prose, toujours prête à porter ce qu'on veut où l'on veut, avec sûreté et en peu de temps, le tout à bon marché ? Le vaisseau, guidé par une intelligence et non par une machine, attendant comme une inspiration le souffle d'en haut pour partir; le vaisseau, sous toutes ses voiles, fendant la mer comme un cygne gigantesque, et cousant à ses flancs polis un feston d'écume argentée, n'est-il pas la symbolisation parfaite de la poésie ? Le vaisseau a l'air d'un oiseau qui vole; le bateau à vapeur, pataugeant dans l'eau avec ses palettes, a l'air d'un chien qui se noie ou d'un moulin emporté par une inondation. Par suite de la tolérance qui m'est naturelle, je consens néanmoins à ce que messieurs les commis voyageurs commerciaux ou littéraires, dont le temps est si précieux, s'engrènent dans les rails des chemins de fer et transportent leurs échantillons et leur stupidité d'un endroit à un autre avec la plus grande vitesse possible ; mais, pour Dieu, qu'il soit permis de s'en aller à petits pas en suivant la pente de sa rêverie, le long des rivières, à travers les bois et les prairies, s'arrêtant pour cueillir une marguerite emperlée de rosée ou écouter siffler un merle, quittant la grande route pour les petits sentiers et n'en prenant qu'à son aise. Faites de la prose, mais laissez faire des vers ; plantez des pommes de terre *Rohan*, mais n'arrachez pas les tulipes ; nourrissez des oies, mais ne tordez pas le cou aux rossignols, et souvenez-vous que le gros Martin Luther disait familièrement : Celui qui n'aime pas le vin, la musique et les femmes, celui-là est un sot et le sera sa vie durant ; avec toutes vos prétentions, vous êtes incomplets, et vous ne comprenez qu'une moitié de l'homme. Vous croyez que le bonheur consiste en bifteccks cuits à point et en bonnes lois électorales. J'estime fort ces choses, mais le confort ne suffit pas ; et à toute organisation d'élite il faut l'art, il faut la beauté, il faut la forme ! C'est le vêtement que Dieu a filé de ses mains pour habiller la nudité du monde. Cette querelle n'est pas neuve malheureusement, et ce n'est pas d'aujourd'hui que les mathématiciens demandent, en lisant Racine, qu'est-ce que cela prouve ?

On ne peut pas exiger des sourds qu'ils se plaisent à la musique, et les aveugles-nés peuvent disserter fort agréablement sur la superfluité ou la non-existence du coloris.

(*Musée des familles.* Janvier 1842.)

PRÉFACE
POUR LA TURQUIE
DE CAMILLE ROGIER

PRÉFACE

POUR LA TURQUIE

DE CAMILLE ROGIER

Si jamais quelque chose a ressemblé à un récit des *Mille et une Nuits*, si une cité de la terre peut réaliser cet idéal féerique que l'Europe a peine à concevoir, mais que l'Orient accepte sans peine, c'est Constantinople, à son premier aspect, quand on arrive par le Bosphore.

On dirait d'une immense décoration, et en cela on ne se tromperait pas tout à fait; il suffit de mettre le pied sur ce rivage étrange, de gravir ces rues étroites et montueuses, d'aborder ces palais fragiles, pour se convaincre qu'il n'y a là, en effet, qu'une perspective d'opéra.

Mais faut-il nier l'impression d'un spectacle sublime, parce qu'on est admis à en visiter les coulisses poudreuses? Les Turcs ont évidemment le sentiment du pittoresque ; seulement ils sont pressés de jouir et ne construisent pas pour la postérité : les mosquées et les tombeaux sont destinés à lutter contre le temps ; mais la maison d'un Turc ne doit pas durer plus que lui. Il campe plutôt qu'il n'habite. Les palais mêmes des sultans, surtout dans les parties modernes, sont construits en bois. Les marbres précieux de l'Asie et de l'Archipel ne leur ont fourni que des colonnes.

Aucune ville ne gagne davange à être peinte, et aucune aussi n'offre plus de contrastes à l'observateur sérieux. Cette grandeur apparente, cette magnificence éphémère, il appartient à l'Europe de les recueillir et de les fixer à jamais dans le domaine des arts. Si tout cela doit s'abîmer quelque jour au coup de sifflet d'un machiniste inconnu, si le temps seul, ce qui d'ailleurs ne peut manquer, en efface les traits fugitifs, nous conserverons du moins précieusement l'image d'une splendeur qui n'a point d'égale et les fantaisies riches et variées d'une population la plus étrange et la plus poétique qui fut jamais.

Car, si la ville a des aspects merveilleux, la foule qui l'habite offre d'étonnantes ressources au crayon de l'artiste, des tons éclatants à son pinceau ; l'intérieur de ces maisons trompeuses a des mystères et des trésors que l'Europe connaît à peine, si curieuse qu'elle en soit. Beaucoup de peintres ont pu rendre l'effet bizarre et chatoyant des rues, des places et des bazars encombrés d'une foule bariolée, les scènes calmes et pittoresques des cimetières ombragés de cyprès, les frais paysages de la côte d'Asie; mais aucun jusqu'ici n'avait pénétré dans la vie intime de l'Orient, surpris les costumes des femmes, qui ne se montrent au dehors qu'affublées d'un vêtement uniforme et disgracieux. Nul n'avait pu saisir les physionomies charmantes et variées des habitantes du harem.

Un séjour de plusieurs années, des relations étendues et une série de circonstances favorables ont mis M. Camille Rogier en position de voir et d'étudier des détails de mœurs et de costumes qui avaient échappé à la plupart des touristes; il a pu faire aussi dans les villes de l'Asie Mineure des voyages pénibles, et souvent dangereux, dont l'art et l'histoire profiteront; car mille traits caractéristiques de mœurs, d'architecture et de costume ne se retrouveront bientôt plus que dans les pages de ce livre. Les barbaries s'en vont, emportant avec elles toutes les splendeurs d'un monde plus préoccupé du beau que du commode.

Ainsi, tour à tour, on verra passer, en feuilletant ce recueil, toutes les scènes de la vie mystérieuse et contemplative de l'Orient. Les Européens parlent beaucoup de poésie, les Orientaux la mettent en action. A peine débarqué à cette échelle de Top-

Khané qui forme le frontispice, vous êtes déjà en pleine couleur locale ; vous donnez un dernier regard aux caidjis, dont les vêtements brodés et les chemises de soie à manches flottantes brillent sous un rayon de soleil ; et, dès les premiers pas que vous faites dans une de ces étroites ruelles, vous vous trouvez au milieu d'une population fourmillante d'Arméniens, de Grecs, de Juifs, de Tartares, de Circassiens, de Turcs d'Europe et d'Asie, d'Albanais, d'Ioniens, de Persans et d'Arabes, vrai bal travesti en plein jour, Babel d'idiomes, où le cardinal Mezzofanti trouverait des interlocuteurs pour toutes les langues qu'il sait. Vous êtes coudoyés par les hamals, qui vous crient : gare ! forcés de vous coller contre le mur par le cheval lancé au galop d'un chef arnaute qui passe, étincelant de dorures et d'armes précieuses ; tout en marchant, vous voyez dans les boutiques des barbiers les croyants qui se font raser la tête et tailler la barbe, antithèse complète des habitudes européennes ; le café où l'on vient fumer le narguilé et la chibouque au son d'un orchestre chevrotant composé de trois Valaques nasillards. Plus loin, c'est un couvent de derviches, avec leurs cônes de feutre gris sur la tête, qui d'un air béat égrènent leur chapelet ; ici, les boutiques de pâtissier vous offrent leurs sorbets à la neige, leurs crèmes au caramel et leurs délicieux gâteaux à la pistache ; là, les fritures grésillent dans la poêle, les fruitiers enfoncent le couteau dans la chair rose de la pastèque, et étalent des légumes étranges. Maintenant c'est un santon qui magnétise un malade dans la rue ou exorcise un possédé. Tout d'un coup, cette foule pressée s'ouvre et se range, des eunuques à cheval distribuent des coups de bâton à droite et à gauche ; ils précèdent un vaste arabas doré, traîné par des bœufs, enfermant tout un harem qui va se divertir aux eaux douces d'Europe ou à celles d'Asie ; ou bien c'est un convoi de l'Église grecque ayant en tête des popes couronnés comme des empereurs du Bas-Empire, à moins que ce ne soit le sultan lui-même, faisant à cheval son pèlerinage du vendredi à une des mosquées de la ville, accompagné d'officiers à la poitrine constellée d'ordres de diamants.

Si, pénétrant plus loin, vous arrivez au centre de Stamboul, vous vous engagez dans une sorte de ville souterraine aux passages voûtés, aux murailles épaisses, aux galeries sombres, à travers une architecture massive et trapue qui rappelle le style byzantin. Vous voilà au grand bazar ; l'entrepôt des richesses du monde. On ne saurait imaginer un coup d'œil plus splendide ; c'est un ruissellement de pierreries aux folles bluettes, aux phosphorescences soudaines, un amas de brocarts d'or et d'argent dont les plis raccrochent la lumière, d'armes damasquinées de formes bizarres et d'un travail merveilleux qui jettent des éclairs du fond de l'ombre, tout ce qu'a pu réaliser le luxe d'un peuple qui trouve les contes de fées vraisemblables.

En sortant des bazars, vous rencontrez à chaque pas des mosquées blanches et silencieuses dont les dômes et les minarets s'élèvent hardiment du milieu de leurs touffes de platanes séculaires et frappent l'imagination par leur masse imposante ; des bains surmontés de coupoles, où les hommes et les femmes viennent, à diverses heures, livrer leur corps aux délices du massage ; des fontaines de marbre blanc aux grillages dorés, fondations pieuses de bons musulmans.

Au cœur de la ville, le vieux sérail dresse ses hautes et sombres murailles, tandis que le nouveau fait une pointe dans la mer, en brodant de riants jardins les vieux remparts des Paléologues. A l'autre extrémité, le château des Sept-Tours et l'aqueduc de Valens terminent la perspective de cette langue de terre, comprise entre la Corne d'Or et la mer de Marmara.

N'est-ce pas là un théâtre merveilleusement bien disposé pour les personnages qui vont défiler devant vos yeux ! Plus heureux que le simple voyageur, vous verrez, grâce à M. Camille Rogier, ce qui échappe aux investigations du touriste : ces fleurs parfumées du harem, ces visages blancs et délicats, que le soleil n'a jamais flétris et qui ont bien voulu déposer leur voile devant notre peintre. Beaucoup de gens pourront être surpris de la tournure et du style de certains de ces costumes, différents, sur bien des points, des idées que nous nous sommes faites à cet endroit. L'Orient n'est pas, à beaucoup près, aussi immuable qu'on veut bien le croire. Constantinople a ses modes comme Paris. Dans l'oisiveté du harem, l'imagination des femmes travaille ; à quoi peut penser une femme qui rêve, française ou turque ? A sa toilette. Ces rêveries se traduisent en toutes sortes de caprices de coupe, de couleur, gracieux, charmants ou bizarres, que le crayon de l'artiste a saisis avec bonheur. Son recueil vous les montrera, l'été, se répandant sous les ombrages, dans les jardins, dans les kiosques au bord du Bosphore, assises sur des tapis, à l'ombre des gigantesques platanes ou des cyprès verts et robustes qui couronnent les hauteurs où s'assied magnifiquement le faubourg de Péra, savourant la fraîcheur des brises qui viennent de la mer Noire ; l'hiver, à demi couchées autour du Tendour, se livrant à des causeries familières, écoutant des récits merveilleux, sous le double charme de la vapeur du tombach et du parfum des cassolettes.

Toutes ces beautés ont été rendues par M. Rogier avec une grâce et une délicatesse qui n'excluent pas la science et la largeur de l'effet. Ne voyez pas ici de frivoles croquis, où l'art est sacrifié à une vaine élégance ; c'est une œuvre sévèrement conçue, exécutée avec amour et conscience, et dans un but d'utilité générale. Chaque planche est à la fois un tableau et un document que l'on peut consulter en toute certitude ; pas un seul coup de crayon n'est donné au hasard ; où l'homme du monde verra une tête gracieuse comme une vignette de keepsake, le connaisseur une figure bien posée et bien dessinée, l'artiste trouvera des renseignements précieux, le voyageur des détails qui le charmeront par leur exactitude ; le poète et l'historien trouveront aussi leur profit à consulter cette rare et curieuse collection, résumé des observations et du travail de quatre ans, et qui, au mérite du dessin, joint celui de satisfaire un des rêves de l'imagination européenne, toujours préoccupée des mystères impénétrables du harem (1).

Décembre 1846.

(1) L'auteur n'avait encore visité ni Constantinople ni l'Orient lorsqu'il écrivit ces pages remarquables.

LA
RÉPUBLIQUE DE L'AVENIR

LA RÉPUBLIQUE DE L'AVENIR

La République ! certainement nous l'acceptons et nous la voulons sans aucune arrière-pensée, franchement, loyalement ; mais le titre seul ne suffit pas, il nous faut la chose. Toutefois, qu'on se rassure, nous ne sommes nullement un républicain de la nuance la plus foncée. Beaucoup de gens parmi ceux qui la craignent et plusieurs parmi ceux qui l'aiment se figurent la République avec un accompagnement obligé de guillotine, de maximum, d'assignats, de comité de Salut public, de Montagne, de loi agraire et autres moyens terroristes. Cette idée est la plus fausse qui se puisse concevoir. République veut dire la chose publique, la chose de tout le monde, le gouvernement de tous par tous ; ce gouvernement se réalise au moyen du suffrage universel, qui abolit virtuellement les privilèges de naissance et de la fortune, puisque chacun est électeur et éligible. L'égalité de droits et de devoirs devant la loi efface dans la société prise au point de vue abstrait jusqu'aux dernières lignes de démarcation. Sous la République les hommes sont égaux, libres et frères; mais il ne s'ensuit pas de là qu'ils doivent porter des bonnets phrygiens, se proclamer sans-culottes et se couper réciproquement la tête, à l'instar de 93.

Grâce à la détestable éducation universitaire que nous recevons, on s'est toujours formé en France, d'après le *De viris illustribus* et le *Selectæ è profanis*, un idéal de république farouche, pauvre et mal nourrie. Le brouet noir de Lacédemone et les légumes de Cincinnatus ont été proposés à l'admiration de la jeunesse par des maîtres de pension qui avaient leurs raisons pour cela. Les mauvaises études classiques sont pour beaucoup dans le côté odieux de la première Révolution. Si les démagogues d'alors avaient été un peu plus instruits, ils auraient modéré leur enthousiasme à l'endroit du Brutus de Tarquin et du Brutus de César, tous deux patriciens et aristocrates, et de Sparte, ville libre, que servaient deux cent mille Ilotes, plus maltraités que des nègres.

Laissons donc en arrière ces déplorables imitations, ces sanglants archaïsmes, et tâchons de faire une République entièrement nouvelle ; le pire plagiat est celui de l'échafaud et de la misère.

Quelque forme de gouvernement qu'on adopte, il ne faut pas oublier qu'elle repose sur des individus doués de penchants invariables, de passions éternelles comme l'humanité. Les religions, les morales, les gouvernements qui contrarient au delà d'une certaine limite ces instincts fondamentaux, ces forces vives, s'usent fatalement et sont éliminés au bout d'une certaine période que l'on pourrait préciser. Sans s'être donné le mot, la famille humaine marche d'un pas lent, mais égal, vers un but unique : le bonheur.

Obéissant à des lois pour ainsi dire mathématiques, l'humanité s'arrange dans la proportion suivante : l'homme, la société, la religion. L'homme est le type ; la société et la religion, dont les noms ont la même signification étymologique, en réunissent les individus et les dirigent matériellement et spirituellement, toutefois à la condition de n'exiger de lui que les sacrifices possibles à sa nature. Partie du jardin Édénique, l'humanité veut y retourner.

Quel est l'instinct le plus vif de l'homme? Celui de la liberté. Pourquoi désire-t-il être libre? Pour chercher le bonheur. Qu'est-ce que le bonheur? C'est le bien-être intellectuel et physique acquis sans faire tort à personne. Or, aucun état social ne permet cette recherche comme la République telle que nous l'entendons, c'est-à-dire opulente, splendide, spirituelle et polie ; nous ne concevons pas la République chagrine, misérable, inculte et brutale. Nous comprenons l'idéal en plus, mais non l'idéal en moins. Qu'on rêve de rendre les pauvres riches, cela est naturel ; mais rendre les riches pauvres n'est pas dans la logique du désir, émission ascensionnelle de l'âme vers la félicité ; en un mot, pour atteindre le niveau, nous aimerions mieux, au besoin, hausser les petits que décapiter les grands. La médiocrité ne saurait être un but, et nous repoussons de toutes nos forces l'égalité des envieux. On a supprimé les titres de noblesse ; nous aurions préféré qu'on déclarât gentilshommes tous les citoyens français. En effet, n'est-il pas noble dans le plus beau sens du mot celui qui n'obéit qu'à la loi et n'a d'autre servitude que la servitude du devoir ? Le titre de citoyen romain était supérieur jadis à celui de roi ; qu'il en soit ainsi du titre de citoyen français.

L'égalité mal comprise est la source de toutes les dissensions. La société, en bonne mère, ne doit avoir de préférence pour aucun de ses enfants, mais elle ne peut pas faire qu'ils soient pareils. Dans une course, pour nous servir d'une comparaison grossièrement intelligible, on place pour le départ les chevaux sur la même ligne ; mais au bout de quelques secondes les distances s'établissent et les concurrents se classent suivant leur force. Autrefois, certaines races pouvaient seules descendre dans la lice, ou obtenaient une avance considérable, tandis que d'autres couraient, une entrave au pied. En République point de faveur au départ, mais, une fois lancé, chacun galope avec ses jambes.

Comme l'entendent certains théoriciens, l'égalité est contraire à la conformation de la planète que notre race peuple ; le milieu moral répète le milieu physique. Écrasez les montagnes, remplissez les vallées, faites la plaine partout, et le globe périra. Les eaux privées de leurs pentes s'extravaseront au hasard ou tariront, n'étant plus assemblées par les cimes ; des vents furieux balayeront cette boule dénudée et rendue inhabitable. Le monde social est exactement construit de même ; tout s'y étage d'après des lois que rien ne peut faire dévier. L'égalité absolue y serait aussi absurde que dans le monde matériel. Les idées, les richesses prennent leurs cours suivant les différences des niveaux et se distribuent d'elles-mêmes. Maintenant, doit-on guillotiner la montagne, cette aristocrate involontaire, sous prétexte qu'elle opprime la vallée ou qu'elle choque l'orgueil de la plaine ? Ceci, bien entendu, n'empêche pas de combler les fondrières, de rectifier le cours des torrents, de dessécher les marais pestilentiels, au propre et au figuré ; mais tout ce qu'on tentera contre la constitution planétaire, physique et morale du monde où nous vivons ne peut qu'amener d'affreuses et déplorables catastrophes.

Il y aura toujours parmi les hommes une aristocratie que nulle république ne supprimera, celle des poètes ; par poète nous n'entendons pas seulement ceux qui assemblent des rimes, mais nous ramenons ce nom à son beau sens grec — ceux qui font ou qui créent. — Le conquérant, l'artiste, le législateur, le savant sont des poètes, lorsqu'ils ont trouvé une idée, une forme, une vérité, un fait ; autour de ces centres lumineux le reste de l'humanité s'équilibre et gravite avec le même plaisir impérieux que le satellite autour de sa planète.

Pour nous, l'égalité n'existe donc qu'à l'état abstractif et politique ; chercher à l'étendre au delà, c'est méconnaître les lois de la nature, les mathématiques générales et les volontés de Dieu, ce grand harmoniste qui produit l'unité avec la diversité.

Abaisser les barrières, ouvrir les portes, rompre les entraves, offrir à tous les mêmes facilités et le même entraînement, voilà ce que doit et peut la République. Là s'arrête l'action gouvernementale ; l'action sociale bien dirigée aplanit encore quelques obstacles, mais il faut ensuite admettre l'action individuelle. La valeur de chacun fait le reste. Cette valeur, qui, prise isolément, peut paraître injustement distribuée, contribue, dans le balancement général, à la grande unité.

En République, la politesse la plus exquise doit régner, contrairement à l'idée de certains démocrates qui s'imaginent que l'absence de formes, le tutoiement et autres grossièretés sont des signes d'indépendance ; il faut saluer dans chacun la possibilité de tout. Citoyen ne doit pas plus se dire que marquis, c'est une affectation inverse. *Monsieur*, qui veut dire : « *Mon ancien,* » manque de justesse, dit par quelqu'un de jeune. Les Espagnols, ce peuple monarchique, ont un beau mot que les républicains devraient bien adopter ; ils s'appellent entre eux : *hombre* (homme).

Les bonnes manières, l'élégance et l'art s'accordent très bien avec la liberté. L'absence d'une cour a-t-elle pour résultat de supprimer le luxe, l'éclat, la beauté ? De ce qu'il n'y a plus de rois, nous n'inférons pas qu'il n'y aura plus de palais. Outre les grands édifices publics nécessités par la nouvelle vie sociale, tels que les chambres pour les Parlements, les forums pour les délibérations politiques et les élections, les habitations des hauts fonctionnaires, le peuple, devenu souverain, exigera pour tous les endroits où il se réunit une splendeur que nous appellerons encore royale en attendant que nationale ait pris le même sens. Nous croyons fermement que les artistes trouveront d'aussi nobles formes pour ces Versailles populaires qu'ils en ont inventé autrefois pour les fantaisies de Louis XIV.

Nous n'adoptons nullement pour idéal de la cité de l'avenir le symbole de la ruche. Nous espérons n'être pas réduits à la cellule uniformément hexagone de l'abeille ; nous comptons bien qu'il y aura beaucoup d'hôtels sculptés et dorés sous la jeune République. Ce seront les chaumières qu'on abattra, et non les châteaux.

Ces châteaux, se les transmettra-t-on par voie d'hérédité? Pourquoi pas? L'homme possède imprescriptiblement deux choses : son âme et son corps, c'est-à-dire son intelligence et sa force ; de l'union de ces deux puissances dirigées par la volonté il résulte le travail qui produit tout ; un propriétaire n'est qu'un travailleur capitalisé ; toute propriété est le produit d'un travail, soit récent, soit ancien. Nous admettons même, contre l'opinion de certains théoriciens modernes, que la conquête et la spéculation ont pu créer la propriété. La conquête, c'est la victoire, c'est la récompense d'efforts militaires ; la spéculation, c'est souvent l'idée et parfois le bonheur, puissance distributive et mystérieuse dont on ne saurait nier le bon droit. L'héritage, « cette main tendue par le père à l'enfant à travers le mur du tombeau » relie les générations entre elles et établit le beau dogme de la réversibilité. D'ailleurs, n'héritons-nous pas collectivement des races antérieures? Cette civilisation dont nous jouissons n'est-elle pas le produit des efforts et des travaux de nos ancêtres? Cette terre fertile que nous foulons, ils l'ont défrichée. Le travail crée des valeurs qui n'existaient pas, sans rien prendre aux paresseux ni aux pauvres.

Jamais les riches n'ont ruiné personne ; ils ne sont que des pompes aspirantes et foulantes qui renvoient en pluie l'or qu'ils attirent ; pour prévenir l'accaparement, la nature prévoyante donne au père avare un enfant prodigue, et tout se balance.

Le meilleur moyen pour que les pauvres piétons du trottoir aillent un jour en voiture, c'est qu'il y ait sur la chaussée beaucoup de calèches, de berlines, de coupés et de phaétons. A force de faire des carrosses pour les autres on finit par en garder un pour soi ; dans un avenir qui pourrait être fort prochain, personne ne marchera. Le transport en commun réalise déjà ce progrès sous de petites proportions.

L'humanité s'émancipe peu à peu. Aux esclaves ont succédé les serfs, aux serfs les ouvriers ou les prolétaires, comme on les appelle aujourd'hui. L'amélioration est sensible, mais bientôt l'ouvrier sera affranchi lui-même. L'esclave obéissait à son possesseur, qui avait sur lui droit de vie et de mort, le serf à son seigneur d'après certaines conditions ; l'ouvrier n'obéit qu'au travail ; mais voici qu'un esclave nouveau va le remplacer près de ce dur maître ; un esclave qui peut haleter, suer et geindre, marteler jour et nuit dans la flamme sans qu'on ait pitié de lui. Ces bras de fer remplaceront les frêles bras de l'homme. Les machines feront désormais toutes les besognes pénibles, ennuyeuses et répugnantes. L'homme s'occupera seulement de ce qui exige de la pensée, du sentiment ou du caprice, de tout ce qui doit recevoir, sous la magnétisation immédiate de la main, l'impression directe du cerveau. L'art se généralisera à un point qu'on ne peut concevoir et donnera son empreinte à une foule de produits.

Le républicain, grâce à ses ilots de vapeur, aura le temps de cultiver son champ et son esprit. Tout ce qui ne sera pas artiste sera agriculteur. La terre ne demande pas mieux que de nourrir ses enfants. Ceux qui voudront se reposer auront la permission de le faire, c'est bien le moins ; sous un régime de liberté, personne n'est oisif ; consommer, c'est travailler ; penser, c'est agir.

Nous la voulons fermement cette belle république athénienne, pleine de lumière et de bourdonnements joyeux, chantée par le poète, sculptée par le statuaire, colorée par le peintre, employant pour le bonheur de ses fils toutes les ressources des sciences et des arts, offrant à tous les pieds ses escaliers de marbre blanc et découpant, sur un ciel d'un bleu tranquille, les frontons de ses palais et de ses temples.

(*Le Journal*, 28 juillet 1848.)

L'ATELIER DE M. INGRES

EN 1848

L'ATELIER DE M. INGRES.

EN 1848

M. Ingres occupe à l'Institut un logement au-dessous duquel se trouve, au rez-de-chaussée, un atelier composé de plusieurs pièces, et qui n'a rien de caractéristique. Là nul luxe, nulle coquetterie d'arrangement, aucune de ces curiosités pittoresques qui encombrent les ateliers des artistes à la mode et les font ressembler à des magasins de bric-à-brac ; la pensée seule illumine ces chambres vulgaires, ornées de quelques fragments de plâtres antiques et de toiles, la plupart sans bordure, accrochées çà et là aux murailles. Dans un coin, un élève muet et studieux copie religieusement quelque œuvre du maître ; le jour, amorti par des toiles tendues à mi-hauteur des croisées, tombe d'une arrière-cour déserte, où l'herbe encadre les pavés.

Et cependant, ce réduit froid, pauvre, silencieux

et morne est un des plus riches sanctuaires de l'art moderne. Raphaël, s'il revenait au monde, s'arrêterait là plus volontiers qu'ailleurs et s'y trouverait comme chez lui.

Quoiqu'il ait eu son génie tout jeune, M. Ingres n'a eu sa réputation que fort tard ; sa gloire s'est épanouie à son automne comme une fleur tardive. Mais cette renommée, qui s'est fait si longtemps attendre, en venant, a donné à l'artiste une nouvelle jeunesse. A l'âge où l'esprit devient paresseux et la main pesante, M. Ingres a tout l'enthousiasme d'un néophyte, et jamais son pinceau ne fut plus ferme.

La vie de M. Ingres n'a été occupée que d'une seule passion, celle de l'art. Ce chaste amour sans déception l'a conservé jeune. Son œil brille de tout le feu d'un œil de vingt-cinq ans, et les années n'ont pas glissé un fil d'argent dans ces boucles noires que sépare sur le front une petite raie, hommage mystérieux et symbolique à la mémoire du maître adoré, du bel Ange d'Urbin. Sa main secoue la vôtre avec une vigueur qui ne sent en rien son sexagénaire. M. Ingres fournira une carrière aussi longue que celle du Titien, et ses tableaux centenaires seront les meilleurs, car, chose étrange, il fait chaque jour des progrès, et ce maître souverain, arrivé au bout de l'art, apprend encore.

Le tableau qui nous attirait dans son atelier,

outre son mérite intrinsèque, offre un curieux sujet d'étude. Quoiqu'il ne porte qu'une signature, il a été peint par deux artistes, par l'Ingres d'autrefois et par l'Ingres d'aujourd'hui. Un intervalle de quarante ans a séparé l'ébauche de l'achèvement. Cette Vénus, qui a commencé à sortir de l'onde à Rome en 1808, n'a totalement émergé de l'azur qu'à Paris en 1848. La jeune fille de treize ans qui avait prêté sa tête enfantine à la naissante Aphrodite a eu le temps de devenir une auguste matrone, entourée d'un cercle de petits-fils, à moins que la terre jalouse n'ait recouvert prématurément sa beauté printanière. Un des Amours, celui qui tient le miroir et que le peintre a féminisé par une idée ingénieuse et délicate, a grandi et posé depuis pour la fameuse *Odalisque*, sans que le tableau se finît. O divin pouvoir du génie ! éternelle jeunesse de l'art ! Toutes ces formes pures et charmantes que le peintre ravi contemplait dans leur chaste nudité se sont effacées comme des ombres, et l'ombre fixée sur la toile a survécu. Tes blonds cheveux ont blanchi, ô Vénus ! et l'artiste, pour terminer ton image, est forcé de demander aux belles d'une autre génération de laisser tomber leurs voiles devant lui. C'est peut-être ta fille, à toi qui posais pour l'Amour enfant, qui sert aujourd'hui pour la mère des Amours, — si elle n'est pas trop vieille !

Ces réflexions mélancoliques, qui nous venaient

en foule en regardant le tableau, ont sans doute longtemps obsédé et troublé le peintre. Plus de cent fois il a retourné la toile posée contre le mur et l'a placée sur son chevalet, puis, après une contemplation muette, il l'a remise au même endroit sans y toucher.

Nous concevons ces hésitations et ces lenteurs. En face de ce rêve de ses premières années, gardé pieusement par la toile, de ces légères teintes de l'ébauche à travers lesquelles la pensée transparaît toute nue, autre Vénus sortant de la mer, il n'osait pas saisir la palette, craignant de recouvrir sous le travail même le plus savant ces incorrections de l'esquisse que nulle perfection ne peut quelquefois égaler ; ne sachant pas s'il retrouverait cette inspiration perdue, ou tout au moins oubliée. Il est si difficile de reprendre, lorsque le temps a coulé, la ligne au point interrompu, le chant commencé, le tableau figé sur le chevalet !

Et puis, s'il faut le dire, et tout artiste nous comprendra, M. Ingres avait peur de lui-même ; il redoutait, sans peut-être s'en rendre compte, ce combat de l'homme d'aujourd'hui contre le jeune homme d'autrefois. Dans cette lutte dont il était le champ de bataille, il redoutait la victoire et la défaite. Sa profonde et souveraine expérience vaudrait-elle le frais enchantement du début et cette charmante surprise de l'artiste, disciple encore hier, en face de la nature découverte par lui comme un nouveau monde? S'il restait inférieur au travail commencé, toute une vie d'études, de méditations et de labeurs aurait donc été inutile! Triste leçon pour l'artiste glorieux et plein de jours! S'il lui était supérieur, n'y avait-il pas comme une espèce de barbarie à mésuser de ses forces de vieil athlète contre ce chef-d'œuvre juvénile? Dans l'ordre intellectuel, n'était-ce pas une impiété que de galvaniser cette pensée à demi-morte, et de lui faire dire autre chose que ce qu'elle aurait voulu?

Elle était si belle d'ailleurs, cette pauvre Vénus Anadyomène, dans la douce pâleur de sa grisaille réchauffée légèrement de tons roses, au milieu de l'azur éteint de sa mer et de son ciel embrumé par la poussière de quarante années, dans ce charmant coloris neutre qui laisse toute sa valeur à la forme! Les Amours jouaient si bien parmi cette écume indiquée à peine par des caprices de brosse, que chacun disait au peintre : « N'y touchez pas! »

Eh bien! un jour de ce printemps, malgré les émeutes et les révolutions, M. Ingres s'est senti si jeune qu'il a repris le rêve de ses vingt ans et l'a audacieusement mené à bout; la *Vénus Anadyomène* est finie; et c'est la même! Rien n'eût été plus facile au grand maître que de peindre sur cette toile une autre figure supérieure à la première peut-être, mais que fût devenu le prodige?

Fraîcheur, naïveté, timidité adolescente, tout s'y retrouve ; c'est la candeur adorable du génie, mais sans l'inexpérience et les erreurs. C'est l'étude d'un élève peinte par son maître ; le don y brille, joyau inestimable serti dans la science ; tout ce qui vient de Dieu y est, avec tout ce qui vient de l'homme.

L'heureux possesseur de ce diamant l'a fait enchâsser dans une riche monture d'or, où se jouent des dauphins sculptés, et qui peut se dresser au milieu d'un appartement comme le *David* de Daniel de Volterre. Si M. Ingres vit cent ans, peut-être peindra-t-il l'autre face.

Il ne nous est rien resté des merveilleux peintres grecs ; mais, à coup sûr, si quelque chose peut donner une idée de la peinture antique telle qu'on la conçoit d'après les statues de Phidias et les poèmes d'Homère, c'est ce tableau de M. Ingres ; la *Vénus Anadyomène* d'Apelle est retrouvée. Que les arts ne pleurent plus sa perte.

Aphrodite est presque enfant. Le flot d'écume qui l'enfermait vient de crever et bouillonne encore. La déesse a l'apparence d'une jeune fille de treize à quatorze ans. Son visage, où s'ouvrent des yeux bleus doucement étonnés, et où s'épanouit un sourire plus frais qu'un cœur de rose, a toute la candeur et l'ingénuité du premier âge ; mais, dans son corps frêle et virginal, la puberté éclôt comme une fleur hâtive.

Vénus est précoce : la gorge se gonfle, soulevée par un premier soupir ; la hanche se dessine, et les contours s'enrichissent des rondeurs de la femme. Rien n'est plus fin, plus pur, plus divin que ce corps de Vénus vierge. Grande déesse des Amours, c'est là le seul charme qui te manquait! En te faisant ce don plus précieux que celui du ceste, M. Ingres t'a mise en état de lutter avec Marie, la Vénus chrétienne !

Ses bras, levés au-dessus de sa tête avec un mouvement d'une grâce indicible, tordent ses cheveux blonds d'où ruissellent des perles, larmes de regret de la mer désolée de porter ce beau corps au rivage.

Ses pieds, blancs comme le marbre et d'où la froideur de l'eau a chassé le sang, sont caressés par les lèvres argentées de l'écume et les lèvres roses de petits Amours, chérubins païens en adoration devant leur reine.

L'un d'eux, se haussant sur la pointe d'une vague, tend à Vénus un miroir, c'est-à-dire la conscience de sa beauté. La main potelée de l'enfant se réfléchit avec un art admirable dans le métal bruni.

Au fond, les tritons s'agitent, les dauphins sautent ; tous les habitants du moite empire célèbrent l'heureuse naissance.

Il n'est personne qui n'admire le dessin pur, le modelé fin, le noble style de M. Ingres. Toutes ces qualités se retrouvent ici avec celle d'un coloris charmant. Rien n'est plus doux à l'œil que cette figure d'une blancheur dorée, entre le double azur du ciel et de la mer. M. Ingres, depuis quelques années, a gagné énormément comme palette. L'âge le réchauffe ; heureux homme, qui a commencé à dessiner comme Holbein et finira par peindre comme Titien !

Dans une pièce voisine rayonnait sur un chevalet une peinture toute moderne et d'un sentiment tout opposé. — C'était un portrait, celui de madame de R...

Il est difficile de rendre plus compréhensible par le choix de la pose et l'arrangement du costume un caractère et une position sociale.

L'artiste avait à peindre une femme du monde, et de ce monde qui nage dans une atmosphère d'or ; il a sû être opulent sans être fastueux et a corrigé par l'étincelle de l'esprit les bluettes des diamants.

Madame de R..., vêtue d'une robe de satin rose d'un ton vif et brillant, vient de s'asseoir dans les plis splendides de la riche étoffe qui bouffe encore ; un de ses coudes s'appuie sur son genou ; sa main droite joue négligemment avec un éventail fermé ; la gauche, demi-repliée, effleure presque son menton. L'œil brille, éclairé par une repartie prête à jaillir de ses lèvres. C'est une conversation spirituelle, commencée dans la salle de bal ou au souper, qui se continue ; on entendrait presque ce que dit l'interlocuteur hors du cadre.

La coiffure se compose d'un béret de velours noir qu'accompagne gracieusement une plume blanche. — Cet Athénien de la rue Mazarine a eu la coquetterie de mettre son grand goût au service du journal des modes, et ce béret, que signerait Mme Baudrand, est, malgré son exactitude, du plus beau style grec.

Lorsque le temps aura passé sa patine sur cet admirable portrait, il sera aussi beau de couleur qu'un Titien. Dès à présent, il a une vigueur et un éclat de ton que n'atteindraient que difficilement les coloristes les plus vivaces de notre école.

Jamais M. Ingres n'a fait rien de plus simplement hardi, de plus vivant, de plus moderne ; dégager le beau du milieu où l'on plonge est un des plus grands efforts de l'art.

Un autre portrait, encore à l'état d'ébauche, surprend par la fierté de l'ébauche et la suprême majesté de l'attitude. Cette femme impériale et junonienne a été sculptée en quelques coups de pinceau dans cette toile blanche, qui ressemble à du marbre de Carrare.

Mais quand M. Ingres le terminera-t-il, lui qui attend, hôte respectueux, que l'inspiration vienne le visiter sans l'aller chercher si elle tarde à venir, de peur de la contraindre, cette belle vierge hautaine à qui les artistes convulsifs de notre époque précipitée ont si souvent fait violence?

Non loin de ce portrait, une répétition de la *Stratonice*, sur des dimensions plus grandes et avec quelques variantes, attend la suprême touche. Rien n'est fini, et le tout le serait dans un jour. Il n'y a plus que l'épiderme et la fleur à poser.

(*L'Événement*, 2 août 1848.)

A PROPOS DE BALLONS

A PROPOS DE BALLONS

Dimanche dernier, vers les cinq heures, par le plus magnifique temps du monde, le ballon de Green s'est élancé de l'enceinte de l'Hippodrome dans les bleus abîmes de l'air.

Certes, l'ascension d'un ballon n'a plus aujourd'hui rien de rare; cependant un aérostat comme celui de Green sort de la classe ordinaire; ses dimensions colossales, le soin parfait avec lequel il est confectionné, la confortabilité de son installation, si l'on peut s'exprimer ainsi, en font la merveille de la navigation aérienne et le placent au rang d'un vaisseau de cent canons; à le voir, gonflant son énorme capsule de taffetas sous le réseau de cordelettes qui soutiennent la nacelle doublée de velours rouge, on se sent tout à fait rassuré sur les chances malsaines du voyage à travers les espaces. Il semble qu'il doit offrir moins de dangers qu'une excursion en diligence ou en chemin de fer.

Admis dans l'enceinte réservée, nous avons vu le départ de près. Rien n'est plus paisible et plus débonnaire. M. Green en habit noir et cravate blanche, comme un gentleman qui va dîner en ville, monte dans son cabriolet, dans son ballon, voulons-nous dire, avec le flegme le plus britannique. Une Anglaise charmante, accompagnée d'une amie, avait déjà pris place dans la nacelle ; elle était calme et souriante ; un léger nuage d'animation colorait ses joues roses ; mais il venait plutôt de l'aimable embarras de voir tant d'yeux fixés sur elle, que d'une crainte quelconque. Sa physionomie intelligente et pure respirait cette confiance dans les inventions du génie humain, qui caractérise la race anglaise et américaine. Une Parisienne eût jeté les hauts cris.

Le ballon, retenu par des cordes, palpitait et se balançait comme un oiseau Rock près de prendre l'essor. La comparaison est faible, mais nous n'en avons pas d'autre. Et, en effet, qu'est-ce que l'oiseau Rock des contes arabes, qui peut à peine enlever un pauvre prince cousu dans la peau d'un mouton, à côté de cet oiseau de soie gonflé de gaz qui emporte quatre personnes dans ses serres de cordelettes !

Une forte corde le retenait encore à la terre ; mais bientôt, sur le signal de Green, l'amarre fut coupée et le vaisseau aérien s'éleva majestueusement, avec un mouvement doux et puissant d'une majesté infinie. Autant la locomotive a l'air infernal, autant le ballon a l'air céleste, tout jeu de mots à part : l'une emprunte ses moyens au fer et au charbon, au feu et à l'eau bouillante, l'autre n'emploie que du taffetas et du gaz, une mince étoffe remplie d'un souffle léger ; la locomotive avec des glapissements affreux, des râles stridents et de noirs jets de fumée, court sur des tringles inflexibles, s'enfonce dans les ténèbres des tunnels et semble aller retrouver le diable qui l'a inventée ; le ballon, sans tapage et sans effort, quitte la terre où les lois de la gravité nous retiennent, et remonte tranquillement vers Dieu. Malheureusement, comme l'inspiration, le ballon va où le vent le pousse, ainsi que chacun le sait, *spiritus flat ubi vult,* et la locomotive comme la prose va droit son chemin.

Green et son ballon dominaient déjà Paris et tout son horizon ; de longues fusées de sable, lest qu'il rejetait pour s'élever plus haut, rayaient le ciel de leurs traînées blanches et, par le temps qu'elles mettaient à descendre, prouvaient la hauteur où l'intrépide aéronaute était parvenu en quelques minutes. Il avait disparu que la foule cherchait encore à le discerner dans les profondeurs azurées de l'atmosphère. Que de là-haut, l'arc de l'Étoile et la ville géante avec ses noires fourmis devaient, illuminés par le soleil du soir, lui offrir un spectacle splendide et magnifique ! Quelle grandeur et en même temps quelle petitesse, et comme de cette distance les soins et les ambitions terrestres doivent paraître mesquins !

Tout en regardant avec les autres, un monde de pensées tourbillonnait dans notre tête ; le ballon, à qui l'on a voulu faire jouer un rôle utile dans la bataille de Fleurus et au siège de Toulon, n'a guère jusqu'à présent été considéré que comme une expérience de physique amusante ; on le fait figurer dans les fêtes et les solennités, car la foule, qui a le sentiment des grandes choses, plus que les académiciens et les corps savants, éprouve pour les ascensions un attrait qui n'a pas diminué depuis les premiers essais de Montgolfier. C'est un instinct profondément humain que celui qui nous pousse à suivre dans l'air, jusqu'à ce qu'on le perde de vue, ce globe gonflé de fumée qui porte les destinées de l'avenir.

L'homme, roi de la création par l'intelligence, est physiquement assez mal partagé. Il n'a ni la rapidité du cerf, ni l'œil de l'aigle, ni l'odorat du chien, qui est presque une âme, ni l'aile de l'oiseau, ni la nageoire du poisson, car tout chez lui est sacrifié au cerveau. Il faut qu'il s'ajoute toutes les facultés qui lui manquent : le cheval, la voiture et ensuite la locomotive remplacent chez lui la vitesse ; le télescope et le microscope valent l'œil de l'aigle ; la boussole le fait se diriger presque aussi bien qu'un chien ; le navire, le bateau à vapeur, la cloche à plongeur lui ouvrent le domaine des eaux. Restait celui de l'air, où l'oiseau nous échappait, poursuivi seulement à quelques centaines de pieds par la flèche et le fusil, moyens ingénieux de rapprocher les distances. Il semble vraiment que Dieu aurait bien pu nous donner des ailes comme les peintres en prêtent aux anges; mais l'homme, c'est là ce qui fait sa beauté et sa grandeur, ne doit pas posséder ces appendices gênants, pas plus qu'il ne doit être embarrassé de nageoires. Avec la pensée et la main, cet admirable outil, il faut qu'il trouve hors de lui toutes ces puissances.

L'idée de s'élever dans les airs n'est pas nouvelle; ce n'est pas d'aujourd'hui que Phaéthon a demandé à monter dans le char de Phœbus, et que Dédale a lancé du haut d'une tour son fils Icare. Leurs chutes sont des ascensions manquées. Ils sont les Pilastres de Rozier de l'époque fabuleuse. La chute d'Icare semble même être la suite d'une explosion venant de la trop grande dilatation du gaz aux rayons du soleil, ce que la mythologie explique par la fonte à la chaleur de la cire qui retenait les plumes de ses ailes. Le char de feu qui emporte Élie au ciel a bien la mine d'un ballon réussi, et les aigles qui enlèvent Ésope pour bâtir en l'air le palais du roi Nectanébo ne sont pas si chimériques que l'on pense. Les griffons, les hippogriffes, les pégases, les talonnières, la flèche d'Abarys, le tapis des quatre Facardins témoignent de la persistance de cette idée. La nuit, le rêve ne nous délivre-t-il pas des lois de la pesanteur? ne nous donne-t-il pas la faculté d'aller, de venir, et de voltiger sur la cime des choses ou de nous perdre dans les hauteurs infinies? Ce songe général et persistant, et qui exprime le désir secret de l'humanité, n'a-t-il aucun sens prophétique? Peut-être le scepticisme moderne traitait-il trop légèrement les intuitions de ces volitions de l'âme débarrassée temporairement du contrôle un peu grossier de la raison et des sens. L'onéiromancie, si religieusement écoutée des anciens, pourrait sans doute expliquer la signification de ce rêve toujours reproduit; pour nous, nous y voyons la réalisation prochaine de la navigation céleste : toute idée formulée est accomplie, tout rêve passe dans l'action. L'idée de ce rêve, ce sont les formes immatérielles des choses, et rien ne peut se concevoir qui ne soit, pas même les aberrations les plus monstrueuses; on n'invente que ce qui existe ou peut exister. L'arabesque la plus fantasque est vaincue par la nature; les restes antédiluviens, la zoologie de la Nouvelle-Hollande, et le monde fourmillant du microscope solaire sont des copies de toutes les chimères fleuries et animales.

On a l'idée de voler en l'air, on volera; le problème n'est plus à résoudre, et, depuis Cyrano de Bergerac, ce matamore de génie, qui, le premier a fait dans son voyage à l'*Empire et Estats du Soleil* la description complète d'un aérostat de son invention parfaitement conforme aux lois de la physique et très exécutable, la question a fait bien du chemin. Avec cette étonnante simplicité des choses naturelles le miracle s'opérait chaque jour dans l'âtre sans qu'on y fît attention, toutes les fois que la fumée enlevait hors du tuyau un morceau de papier brûlé; il a fallu six mille ans pour tirer la conclusion de ce fait. Le ballon flotte comme l'huile sur le vin, comme le liège sur l'eau, comme le boulet de canon sur le mercure, par des relations de pesanteur et de légèreté : une seule loi partout.

Par malheur le ballon n'a encore ni aile, ni queue, ni cou, ni pattes, rien de ce qui peut servir à le diriger; c'est un vaisseau sans voiles et sans gouvernail, un poisson sans nageoires, un oiseau sans plumes; il flotte, voilà tout; c'est immense, et ce n'est rien; il est si jeune qu'il ne sait pas son chemin et va au hasard, comme un enfant.

Nous ne concevons pas que tous les inventeurs, savants, mécaniciens, chimistes, poètes, ne s'occupent pas perpétuellement de la solution de ce problème de la direction des aérostats, et qu'on passe ce temps à faire des révolutions plus ou moins opportunes, tant que cet important problème n'est pas vidé.

Il est honteux pour l'homme d'avoir trouvé l'hippogriffe qui le transporte dans les régions célestes, et de ne pas savoir le conduire ; et cependant, tout le jour les oiseaux vont et viennent avec une légèreté facile comme pour nous instruire et nous narguer. L'air, tout fluide qu'il est, offre des points d'appui pour des propulsions, puisque le condor, comme les moineaux, monte, descend, va à droite et à gauche, vite ou doucement, selon qu'il lui plaît. — L'autre jour, nous lisions dans une feuille publique qu'un Espagnol de Cadix se proposait de partir en ballon de sa ville natale, d'aborder à Madrid au balcon de la reine et d'y baiser la main à Sa Gracieuse Majesté.— Un autre journal affirmait qu'il avait exécuté son programme. C'était un puff, un canard, comme on dit, mais il faut qu'un jour le canard soit une vérité. Le canard, ce paradoxe anecdotique, n'est qu'un fait prématuré. Il raconte ce qui sera. S'il pouvait créer quelque chose de rien, le canard serait un dieu.

Le gouvernement devrait promettre un prix de vingt-cinq millions à celui qui aurait trouvé moyen de diriger les ballons, et subventionner une vingtaine de savants pour faire des expériences dans ce sens. Ce serait de l'argent bien employé ; il faudrait se dépêcher, la chose est urgente ; on va dépenser un ou deux milliards, peut-être davantage, pour l'achèvement des chemins de fer ; c'est une prodigalité qu'on pourrait s'épargner ; le chemin de fer à côté de l'aérostat n'est qu'une invention grossière et barbare, et d'ailleurs contraire à la conformation de la planète que nous habitons ; la preuve en est dans les immenses travaux que nécessite la moindre voie ferrée ; terrassements, remblais, ponts, viaducs, tunnels, c'est à n'en pas finir, et tout cela pour faire avec mille dangers dix misérables lieues à l'heure. Le chemin de fer viole évidemment la configuration terrestre ; il égratigne trop violemment la face de sa mère pour n'être pas une imagination subversive et transitoire ; non que nous voulions le déprécier ; il est venu à son temps et sert à faire prendre patience à l'humanité en satisfaisant son désir de vélocité. Aller en chemin de fer, c'est voler par terre ; mais il est temps de quitter le sol ; la Providence nous ménage à coup sûr cette ironie. Le jour où le réseau de fer sera complet, où l'on viendra déposer le dernier railway, un inconnu, un rêveur, un enfant, un fou se présentera avec le gouvernail et l'aile du ballon, et ce sera si simple, si frêle, si facile, si peu coûteux, que tout le monde s'écriera : Mais je l'aurais trouvé ! Les chemins de fer alors serviront de chemins vicinaux et transporteront seulement les marchandises lourdes et qui n'ont pas besoin d'aller vite, les rentiers à rentes viagères, les douairières craignant pour leur chien et autres gens de mœurs timides et d'esprit obtus, qui maintenant vont à Versailles en gondole et à Rouen en diligence.

Ce temps-là est si prochain que nous espérons

bien le voir. Ce sera un beau temps! l'homme deviendra vraiment maître de sa planète et aura conquis son atmosphère. Plus de mers, plus de fleuves, plus de vallées, plus de montagnes, plus de murailles pour l'arrêter. Ce sera le vrai règne de la liberté! Par ce seul fait de la direction des aérostats, la face du monde changera immédiatement. Il faudra d'autres formes de gouvernement, d'autres mœurs, une nouvelle architecture, un système de fortification tout différent; mais alors les hommes ne feront plus la guerre. L'octroi, la douane, les places fortes se supprimeront d'eux-mêmes. Visitez donc des ballons à dix mille pieds en l'air! Que feront les lunes, les demi-lunes, les fossés et les contrescarpes, à une armée aérienne? Plus de passeports! aucun gendarme ne pourra demander à M. Green ce banal certificat de moralité dont les voleurs seuls sont pourvus. Les allures des Don Juan seront toutes différentes; ils descendront du ciel au lieu de venir de l'enfer, et les Bartholo, pour garder leur Rosine, feront griller et treillager leurs jardins, comme des volières; les palais, au lieu de cour d'honneur, auront des toits de cérémonie, sur lesquels les ballons armoriés du corps diplomatique posséderont seuls le privilège de s'abattre.

Le voyage aérien, on le reconnaîtra bien vite, est le plus doux, le plus rapide et le plus sûr. Aucun obstacle à surmonter; on se meut dans un milieu vague, fluide, élastique, qui se déplace devant vous et se referme après votre passage. Tout ce que l'on peut craindre, c'est que le ballon ne se déchire, que les cordes de la nacelle ne cassent ; il est facile de l'éviter. Les tempêtes ne sont pas à redouter, puisqu'elles s'étendent à peine à une ou deux lieues autour de notre globe, et qu'en dépassant la sphère des nuages, on retrouve, par le temps le plus affreux, l'air immobile et bleu et le soleil qui brille placidement.

Quel charmant spectacle ce sera de voir se croiser dans l'air, à différentes hauteurs, ces essaims d'aérostats peints de couleurs brillantes, dorés le jour par la lumière, et la nuit faisant l'effet, avec leurs lanternes d'étoiles, de courir la pretantaine !

Alors les ascensions sur les plus hautes montagnes ne seront qu'un jeu. On pénétrera dans la Chine, on ira à Tombouctou conmme à Saint-Ouen; les déserts de l'Afrique, de l'Asie et de l'Amérique seront forcés de livrer leurs secrets. On poussera jusqu'au bord de l'atmosphère qui nous environne, on visitera la création dans tous ses recoins.

Il y aura des ballons de place et des ballons de maître, et pour vanter le luxe de quelqu'un, on dira : Il est riche, il a un ballon de trente-quatre mille pieds cubes de gaz, ce qui équivaudra à une calèche à quatre chevaux.

Quand ce rêve sera réalisé, on tentera l'exécution d'un autre déjà formulé par les poètes. L'homme, arrivé aux limites extérieures de son atmosphère, voudra se désorbiter et quitter sa planète; on tentera sérieusement le voyage à la lune d'Astolfe et de Cyrano, et nous ne craignons pas de le dire, on réussira dans cette entreprise. Toute planète lunigère a le droit d'aller visiter son satellite, et les communications aromales ne seront pas toujours suffisantes; on a des choses plus intimes à se dire. Aller dans la lune et conquérir Phœbé, cet astre malade et qui a besoin de grands travaux d'assainissement, tel sera le rêve et l'occupation de nos neveux. Cette conquête est au-dessus des forces de l'humanité actuelle; les années du monde sont de mille ans chacune. L'humanité n'a donc, à l'heure qu'il est, que six ans. On ne peut pas exiger grand'chose d'un enfant si jeune et qui n'a pas beaucoup de dispositions ; maintenant il apprend à manger, à marcher, à nager, à voler; plus tard il pensera et fera de belles choses, mais nous ne serons plus là pour les voir.... Hélas !

(*Le Journal*, 25 septembre 1848.)

DE L'INCOMMODITÉ

DES

LOGEMENTS MODERNES

DE L'INCOMMODITÉ
DES LOGEMENTS MODERNES

Beaucoup de gens s'imaginent vivre dans une civilisation perfectionnée. En effet, les sciences sont arrivées à un état de développement extraordinaire, et si l'on profitait des inventions merveilleuses qui se font chaque jour, on pourrait réaliser une existence vraiment digne de ce nom ; mais la routine est si tenace qu'il faut des années pour populariser la moindre amélioration. — Nous ne parlerons aujourd'hui que de la question du logement, si importante pour l'hygiène et la vie.

Si, vous trouvant mal dans l'alvéole que vous habitez au cœur d'une de ces immenses ruches qu'on appelle une ville, et qui semblent vraiment combinées pour réunir le plus grand nombre d'inconvénients possible dans le moindre espace imaginable, vous vous mettez à chercher des appartements, vous serez frappé, après avoir monté quelques centaines de marches, amorcé par des écriteaux plus ou moins menteurs, — nous ne parlerons pas ici des hôtels on des vastes habitations réservées à l'opulence, mais des logis plus modestes de six cents, de mille, de douze cents francs que peuple la bourgeoisie aisée, — vous serez frappé, disons-nous, de leur distribution invariable, qu'on pourrait croire la plus commode, puisqu'elle se produit partout, et qui est au contraire un chef-d'œuvre d'ineptie et d'inconfortabilité. L'espace très restreint qu'on alloue pour cette somme est divisé en compartiments souvent privés d'air et de jour, de la manière suivante : une espèce de palier sombre, décoré du nom d'antichambre ; une salle à manger, toujours glaciale malgré le poêle qui l'empuantit ; une cuisine d'une exiguïté ridicule ; un salon dont les dimensions un peu plus vastes sont prises aux dépens des autres pièces ; une ou deux chambres à coucher et un cabinet de toilette où l'on ne peut se retourner, et qu'éclaire ordinairement un jour de souffrance.

Dans cet aménagement, chose singulière, on a oublié les enfants. L'architecte, en arrangeant le nid pour la famille, n'a pas pensé à eux ; ce fait si simple, si naturel, si normal de deux ou trois enfants par ménage, ce qui est la moyenne de la fécondité des mariages citadins, n'a pas été prévu. Il ne s'est pas trouvé d'observateur assez profond pour remarquer ce fait. Aussi on les fourre où l'on peut, dans des cabinets obscurs, dans des alcôves dont on referme les battants le jour, dans les chambres de domestique, où même dans celles de leurs parents, ce qui offre beaucoup d'inconvénients au point de vue de la salubrité et de la morale.

Aucun appartement parisien ne renferme l'équivalent de la *nursery*, qui ne manque à aucune maison anglaise, quelque humble qu'elle soit ; c'est-à-dire une pièce suffisamment grande, bien aérée, assez séparée du reste de l'habitation pour que les cris et le vacarme des bambins n'incommodent pas les locataires adultes, et dont on ait retiré toutes les chances de danger qui menacent l'enfance, à moins d'une surveillance de tous les instants, presque impossible, telles que les foyers dont le tirage avale les petites jaquettes, les petites robes de mousseline, et qui font périr des innocents dans les tortures atroces que l'inquisition infligeait aux juifs hérétiques ; les fenêtres trop basses, d'où l'on se précipite sur le pavé en voulant regarder dans la rue ; les carreaux brillantés de chromolithophane sur lesquels le pied vacillant du marmot glisse à chaque instant, au risque d'entorses, de luxations graves, où tout au moins de saignements de nez et de bosses à la tête.

Dans les habitations parisiennes, les enfants n'ayant pas de lieu spécial pour se tenir deviennent, même les plus gentils et les plus dociles, une calamité diurne et nocturne dont on se débarrasse par les pensionnats, au grand détriment de l'éducation de famille, la meilleure de toutes. Où voulez-vous que soit un enfant, dans un appartement comme ceux que nous venons de décrire? Avec la pétulance naturelle à son âge, il gêne partout, au salon comme à la salle à manger, dans le cabinet de toilette comme dans la chambre à coucher. Il importune, on le rudoie, on le renvoie à la cuisine avec la bonne; ce n'est pourtant pas sa faute s'il est insupportable, c'est la faute de l'architecte et du propriétaire.

Comment se fait-il que cette pièce indispensable à tout ménage n'existe nulle part? Ne serait-il pas raisonnable, hygiénique, moral et même commode que les *babies* eussent leur chez eux dans la famille, une chambre claire, tranquille, bien exposée, avec leurs blanches couchettes, leurs pots à l'eau, leurs éponges, leurs baignoires et leur table servie à part; car la nourriture de l'adulte, que l'enfant partage dans la plupart des familles, n'est pas faite pour lui; elle est trop succulente, trop épicée, trop multiple; elle le surexcite, l'hypertrophie, l'échauffe, le blase, précipite sa puberté et lui cause de nombreuses maladies, ou tout au moins lui inflige le supplice de Tantale si on n'accorde à sa gourmandise qu'un certain nombre de mets.

Autre inconfortabilité, autre *manque* absurde. —

Il faut supposer que tous les locataires de ces appartements vivent exclusivement de rentes sur le grand-livre et ne s'occupent jamais à rien, car il n'y a pas dans ces logis de lieu spécial pour le travail ; où s'établir pour lire, pour écrire, pour dessiner, pour chiffrer, où serrer ses papiers, ses notes, ses livres, quand on a pas sa vie gagnée d'avance, tout ce mobilier du travailleur intellectuel ? Où fera-t-on des affaires sans être troublé à chaque instant ? — Le père de famille n'a pas été prévu plus que l'enfant ; — il faut qu'il s'arrange comme il pourra dans une des chambres à coucher, alourdies par les miasmes nocturnes.

Quant au cabinet de toilette, où sont les robinets d'eau chaude et d'eau froide, les baignoires, les cuves pour les ablutions, les revêtements de faïence qui permettent, comme cela doit-être, de répandre l'eau à torrents ? — On est vraiment honteux, pour la propreté parisienne si civilisée, en voyant ces réduits étroits où il y a tout au plus place pour une brosse à dents, un peigne et une cuvette.

Il est vrai que le salon est grand, mais il ne sert à rien ; la plupart des familles bourgeoises donnent très rarement des soirées, ne reçoivent pas, excepté quatre ou cinq familiers qui s'asseyent au foyer de la chambre à coucher, qui n'est pas sacrée chez nous comme en Angleterre. Un meuble recouvert d'une housse qu'on n'enlève pas deux fois par an, une pendule, une garniture en bronze doré, quelques gravures garnissent cet espace froid et nu auquel on a sacrifié tout le confort de l'habitation, et qui ferait un si beau cabinet d'étude et de travail.

En résumé, dans l'appartement moderne, on a oublié la famille, le travail et la propreté, c'est-à-dire la *nursery*, l'atelier et la salle de toilette ; et chose étrange, personne encore ne s'en est plaint, personne n'a essayé dans cette grande ville de bâtir à l'homme civilisé une alvéole, une niche en rapport avec sa vie physique, morale, intellectuelle. En 1851, le civilisé manque, dans des appartements qu'il paye à un très haut prix, d'air, de lumière, d'espace, de calorique et de repos ; il se sert de bougie au lieu de gaz, paye un porteur d'eau et éparpille dans trois ou quatre foyers un combustible qui n'a d'autre avantage que d'attirer dans la chambre l'air froid du dehors avec d'autant plus de violence que la cheminée est meilleure.

(*La Fabrique, la Ferme et l'Atelier*. Juillet 1851.)

THÉOPHILE DE VIAU

THÉOPHILE DE VIAU

Théophile de Viau est plus connu sous son prénom de Théophile.

A Malherbe, à Racan, préférer Théophile,

dit Boileau ; ce vers et l'hémistiche :

Il en rougit, le traître !

tiré de la tragédie de *Pyrame et Thisbé*, que citent tous les traités de rhétorique comme exemple de faux goût, composent à peu près les notions du vulgaire sur le poète dont nous allons essayer de peindre la physionomie caractéristique. Théophile, si oublié aujourd'hui, fit grand bruit en son temps, comme écrivain et comme libre-penseur. Il subit en cette qualité des persécutions dont le prétexte semble obscur, quand on compulse les pièces du procès ; traqué, exilé, emprisonné, condamné à mort et même exécuté en effigie, il eut beaucoup de peine à se tirer sain et sauf des engrenages de la machination dirigée contre lui par un parti puissant, et il mourut jeune dans la retraite que lui avait offerte le duc de Montmorency, son protecteur.

Avant de nous occuper du *libertin*, comme on disait alors avec un sens que ce mot n'a plus, parlons du poète. Théophile de Viau naquit à Boussères-Sainte-Radegonde en 1590, d'une honnête famille, quoique ses détracteurs l'aient prétendu fils d'un cabaretier. Le manoir paternel, que sa tour signalait d'assez loin aux yeux, n'avait rien d'une auberge, et l'hospitalité qu'on y recevait, bien que frugale, était à coup sûr gratuite ; un des ancêtres du poète avait été secrétaire de la reine de Navarre ; son oncle, nommé par Henri IV gouverneur de la ville de Tournon. Tout cela est honorable et décent.

Théophile vint à Paris en 1610 ; il avait vingt ans, et son esprit le poussa bien vite parmi les jeunes seigneurs. Il se lia avec Balzac, dont il n'eut pas à se louer, voyagea avec lui en Hollande et, à son retour, composa des vers et des entrées pour des ballets et mascarades de la cour, qui lui firent beaucoup d'honneur par leur tour ingénieux et leurs allusions adroitement amenées. Le poète avait la repartie alerte, il ne restait jamais à court, et l'impromptu lui jaillissait avec une spontanéité surprenante. Sa conversation était pleine de charme et d'imprévu; les idées hardies et neuves s'y jouaient avec trop d'éclat et de liberté peut-être. Les doctrines littéraires qu'il professe dans ses vers et dans sa prose sont originales et tranchent sur les opinions du temps. Rien de plus moderne, et les novateurs de 1830 n'ont pas mieux dit. Théophile, en cela trop rigoureux sans doute, n'admet pas, chez des chrétiens et dans des sujets qui ne sont pas grecs ou romains, l'emploi des dieux de la Fable ; le fatras mythologique lui paraît pédantesque, suranné et hors de propos ; il ne veut invoquer ni Phœbus ni les nymphes du Permesse ; il plume les ailes du vieil Amour et, se moquant des Iris en l'air, il proclame le nom de Marie comme le plus beau du monde.

Cependant, n'allez pas croire que Théophile bannisse les images, les métaphores et veuille réduire la poésie à n'être que de la prose rimée ; il a le sens trop net et trop droit pour cela. Seulement il veut que la pensée naisse de la cervelle ou du cœur du poète, et que les couleurs dont il la revêt soient prises sur la palette de la nature. Le centon perpétuel de l'antiquité l'ennuie et le dégoûte avec raison ; il affirme que ce n'est pas la peine de ressasser ce qui a été dit beaucoup mieux, il y a quelque deux mille ans, et de sa part ce n'est point le dédain d'un ignorant qui trouve la science trop verte. L'éducation de

Théophile était excellente, il savait du grec et du latin autant qu'un érudit de cabinet ; il a traduit le *Phédon*, écrit des lettres d'une latinité irréprochable, et son histoire de Larissa semble un fragment retrouvé d'Apulée ou de Pétrone. Nourri de la moelle de l'antiquité, il l'avait digérée, et il ne la rendait pas toute crue, comme font les pédants. Chez lui, la poésie n'empêchait pas le sens critique ; ses jugements littéraires sont d'une lucidité remarquable.

Tout en rendant à Malherbe la stricte justice qu'il mérite, Théophile se moque des imitateurs de ce sec poète, en vers pleins d'ironie et de verve, dont Boileau s'est peut-être un peu trop souvenu, et raille ces gratteurs de syllabes, ces peseurs de diphtongues qui cherchent un mois

> . . . . comment à fils
> Pourra s'apatrier la rime de Memphis,

et s'imaginent avoir fait un monument parce qu'ils ont passé de longues heures à un travail stérile et barbouillé une rame de papier pour arrondir une strophe.

La tragédie de *Pyrame et Thisbé*, quoiqu'elle ait obtenu du succès et tenu honorablement sa place à la scène, dans un temps où Corneille et Molière n'avaient pas encore régénéré le théâtre, n'est pas une œuvre qui porte le cachet distinctif de l'auteur. Le métier de poète dramatique n'allait pas à Théophile, il l'avoue lui-même avec une mâle franchise ; ce travail l'a longtemps *martyré*, dit-il; son esprit fantasque et vagabond aime mieux la liberté de l'ode et de l'épître ; il lui faut tout son loisir pour se promener dans les bois, rêver au murmure des ruisseaux, surprendre au vol le double papillon de la rime et chercher la chute d'une stance sans avoir à se préoccuper des entrées ou des sorties et de tous les détails matériels du théâtre.

En effet, Théophile est à la fois lyrique et descriptif. C'est là où il réussit le mieux ; dans l'ode, il a le souffle, la période nombreuse, la belle conduite de la strophe, une noblesse sans emphase, des trouvailles de mots pleines de bonheur. Dans la description, il a souvent des détails rares, des couleurs vives, un sentiment vrai de la nature, des touches bien posées à leur place, de l'élégance et de la fraîcheur. Il regarde les objets qu'il peint et ne les copie pas dans les vers de quelque ancien auteur ; à ses peintures *ad vivum* il mêle sa propre individualité, et il en fait un fond pour ses personnages et ses pensées.

L'ode intitulée le *Matin* renferme des stances pleines de grâce, des images neuves, des détails observés, et la chute anacréontique qui la termine est bien amenée, quoique rappelant un peu l'odelette de Ronsard :

Mignonne, allons voir si la rose.

La *Solitude* est peut-être la pièce la plus achevée du poète, dont le défaut était de se laisser trop aller à sa facilité. C'est une solitude à deux, où les épanchements d'amour se mêlent aux effusions lyriques et aux descriptions des beautés naturelles.

> Dans ce val solitaire et sombre,
> Le cerf qui brame au bruit de l'eau,
> Penchant ses yeux dans un ruisseau,
> S'amuse à regarder son ombre.

Comme ce brusque début vous transporte loin du monde au milieu du calme, du silence, de la fraîcheur et de la solitude, et qu'il fait bon aimer au sein de cette pittoresque retraite! Les concetti à l'italienne, les agudezzas à l'espagnole sont ici plus rares que dans aucune autre pièce de Théophile; la passion vraie y remplace la galanterie et l'amour de l'âme y relève la tendresse voluptueuse. Pour trouver des accents analogues, il faut descendre jusqu'au renouvellement poétique de ces dernières années.

Les stances *Sur une tempête* ont du mouvement et de la couleur, et l'ode *Sur la paix* contient des strophes dont visiblement Malherbe a imité l'allure et le trait, avec supériorité, il faut le dire; car le principal défaut de Théophile est de ne pas profiter jusqu'au bout des rencontres heureuses qu'il fait; il se lasse vite et n'a pas le courage de suppléer par le travail les intermittences de l'inspiration. Par malheur pour lui, il ne possède pas l'autre moitié du génie, — la patience.

Bien qu'on trouve chez lui beaucoup de morceaux remarquables, Théophile n'est pas un pur tempérament poétique. C'est un philosophe, un libre-penseur ; il a une doctrine, il aime à raisonner encore plus qu'à peindre, et dans ses ouvrages l'idée ne s'habille pas toujours avec le vêtement de l'image. Il se contente souvent de l'exprimer avec une netteté qui devient prosaïque ; — cela ne suffit pas en vers. Ses odes, plus tendues et d'un essor plus élevé, n'ont pas ce défaut ; mais il est sensible en beaucoup de pièces, élégies, discours, dont la forme se rapproche de l'épître. La phrase est bien conduite, la période se déroule sans embarras, le raisonnement se suit avec logique, l'esprit étincelle par places, mais les touches colorées, qui ravivent les nuances un peu grises du fond, sont données trop sobrement ; — on désirerait çà et là quelque coup d'aile qui enlevât de terre ce sermon pédestre. La chose s'explique naturellement par ceci : — chez Théophile, le poète contenait un excellent prosateur qui, si sa vie eût été plus longue, eût peut-être fini par prédominer. Les *Fragments d'une histoire comique* en sont une preuve irrécusable. On n'écrivait guère alors, en prose, de cette façon ferme, aisée et franche. Chose bizarre, le mauvais goût reproché aux vers de

Théophile ne se retrouve pas dans sa prose; il s'y raille au contraire des affectations qu'il ne se refuse pas toujours lorsqu'il écrit en langage métrique. La figure du pédant Sidias est tracée avec une amusante verve bouffonne, et il est permis de croire que, de cette caricature charbonnée sur la muraille d'un cabaret, Molière a tiré son Pancrace et son Marphurius. — La question « *si odor in pomo est accidens* » vaut bien celle des chapeaux.

Maintenant, arrivons aux persécutions qu'eut à subir Théophile. — Dans son *Apologie*, il les attribue à la rancune des jésuites, qu'il avait irrités en découvrant chez l'un d'eux le vice qu'on lui reprochait à lui-même, et cette raison paraît vraisemblable; — ce jésuite était le Père Voisin; — un autre de la confrérie, le Père Garasse, une de ces fortes gueules qui aboient d'après le mot d'ordre de leur parti, parla contre Théophile en chaire et composa un in-quarto d'injures à son adresse, intitulé la *Doctrine curieuse*, un vrai catéchisme poissard d'invectives théologiques et pédantes. — Théophile est traité d'ivrogne, de sodomite, d'athée, de veau (allusion délicate à son nom de famille), et des cendres remuées du bûcher de Lucilio Vanini, le bon Père tâche de faire jaillir une étincelle pour allumer les fagots sous le poète du *Parnasse satyrique*.

Les doctrines de Théophile sont-elles si damnables que le prétendaient ses adversaires? — Nous ne le pensons pas; du moins, les passages cités comme impies et blasphématoires ont besoin d'être singulièrement forcés et détournés de leur sens naturel pour prêter à des accusations semblables; ce sont, la plupart du temps, des impiétés galantes, des Iris comparées à des anges, les tourments de l'amour jugés plus cruels que ceux de l'Enfer, des plaisirs préférés aux joies du Paradis, des imprécations contre le destin et autres gentillesses de ce genre. On en pourrait relever autant dans tous les poètes de l'époque. Le goût y est plus offensé, ce me semble, que la théologie. — Quant aux pièces tirées du *Parnasse des poètes satyriques*, qu'on lui attribuait, nous y viendrons tout à l'heure.

Mais Théophile avait été huguenot, et comme tel, malgré sa conversion, malgré la régularité peut-être affectée avec laquelle il se conformait aux commandements de l'Église, il était suspect d'hérésie. Le libre examen, qui est le fond du protestantisme, pousse à la philosophie et au *libertinage*. Cela, joint au motif particulier que Garasse avoue lui-même, et auquel nous avons fait allusion, suffisait, et au delà, à la perte du poète.

Grâce aux efforts de cette cabale, Théophile fut d'abord banni et, après un retour de faveur, condamné par le parlement à être brûlé, sentence qui ne s'exécuta qu'en effigie, car le poète avait pris la fuite. Repris, il fut incarcéré à la tour de Montgommery, dans le propre cachot de Ravaillac, où il subit toutes les rigueurs de la prison dure. Il n'en sortit qu'au bout de deux ans, et son arrêt fut commué en exil. Ce fut à Chantilly, chez le duc de Montmorency, son protecteur, qu'il se retira et qu'il mourut à l'âge de trente-six ans.

Les épigrammes licencieuses du *Parnasse des poètes satyriques*, un des plus grands griefs contre Théophile, et qu'il renia toujours quoiqu'elles portassent son nom, ne nous semblent pas être de lui. On n'en retrouva pas le manuscrit; mais ce n'est pas cette raison qui nous guide. La facture de ces boutades obscènes, de ces priapées bouffonnes dont aucun poète de ce temps ne se faisait faute et qu'on appelait des *gayetées*, n'a aucun rapport avec celle de Théophile. — Sa manière nette, sèche et nerveuse n'a pas l'embonpoint de ces pièces grasses. — Elles contiennent d'ailleurs des hiatus, des grossièretés de style, des archaïsmes dont il n'était pas capable. — Cette différence est sensible comme celle d'une écritude fine, serrée et propre, à une écriture pochée, lourde et négligente. — Il aurait pu faire des vers licencieux comme Maynard, comme Motin, comme Frenicle, comme Ogier, comme Colletet, comme Racan, mais il n'a pas fait ceux-là, et nous le croyons parfaitement sincère lorsqu'il dit dans sa préface : « On a suborné des imprimeurs pour mettre au jour, en mon nom, des vers sales et profanes qui n'ont rien de mon style ni de mon humeur. J'ai voulu que la justice en sût l'auteur pour le punir, mais les libraires n'en connaissent, à ce qu'ils disent, ni le nom ni le visage et se trouvent eux-mêmes en la peine d'être châtiés pour cet imposteur. »

Nous ne pousserons pas la manie de réhabilitation jusqu'à prétendre que Théophile fut un saint ; il ne valait ni plus ni moins, moralement, que la jeunesse de son temps ; seulement, il avait plus d'esprit, plus de bravoure, plus de franchise que bien d'autres qu'on n'inquiéta pas. — Son malheur fut « d'être trop connu. »

(*Les Poètes français*, tome II, juillet 1861.)

SAINT-AMANT

SAINT-AMANT

L'anathème de Boileau pèse toujours sur la mémoire de Saint-Amant, et bien que plusieurs critiques modernes aient protesté contre cette condamnation, la postérité injuste ne l'a pas encore levée, tant a de force un jugement sommaire résumé en quelques vers dédaigneusement brefs, et qui se retiennent aisément. Nous n'espérons pas redorer les rayons de cette gloire, et rendre à Saint-Amant la place qu'il mérite, mais ce fut un poète dans la vraie acception du mot, et de plus célèbres que tout le monde admire et cite sont loin de le valoir.

Si la funeste réaction commencée par Malherbe n'avait pas prévalu, Saint-Amant eût gardé sa réputation et son lustre, mais la langue qu'il parle tomba en désuétude. Ronsard fut regardé comme barbare, Régnier comme trivial ; l'idiome si riche, si abondant dont ils se servaient, passé au crible, y laissa ses mots les plus colorés et les plus significatifs avec l'image, la métaphore et la substance même de la poésie. Les grammairiens l'emportèrent, et le français entre leurs mains devint la langue par excellence de la prose, des mathématiques et de la diplomatie, jusqu'au glorieux mouvement littéraire qui éclata vers 1830.

Saint-Amant ne savait à fond ni le latin ni le grec, mais en revanche il possédait l'espagnol, l'anglais et l'italien. On ne trouve donc pas chez lui ces fastidieux centons d'antiquité dont abusent jusqu'à la nausée les versificateurs dits classiques ; il copie directement la nature et la reproduit avec des formes qui lui sont propres ; il est moderne et sensible aux objets qui l'entourent. La lecture de ses œuvres si variées de ton vous fait vivre au plein cœur de son époque ; on voit ce qu'il dit, et mille physionomies dessinées d'un trait caractéristique, colorées d'une touche vive et brusque, vous passent devant les yeux en feuilletant ses vers, comme si l'on regardait ces cahiers d'estampes où Abraham Bosse a reproduit d'une pointe si nette et si instructive les intérieurs, les ameublements; les costumes, les particularités et les habitudes de la vie familière au temps de Louis XIII. Ses doctrines littéraires, qu'il explique dans la préface du *Moïse sauvé*, prêchent la liberté de l'art, la recherche du nouveau, les cadences brisées de rythme, et même çà et là l'emploi de quelque mot suranné, sous prétexte « qu'une grande et vénérable chaise à l'antique a quelquefois très bonne grâce et tient fort bien son rang dans une chambre parée des meubles les plus superbes et les plus à la mode ». Il pense aussi que l'esprit humain peut produire quelque chose encore après Homère et Virgile, et que le monde n'est pas devenu complètement idiot depuis ces grands hommes, qu'il respecte d'ailleurs comme il convient. Ces doctrines ne pouvaient plaire au législateur du *Parnasse*, et il donna de la férule sur les doigts si rudement au pauvre poète, que le luth dont il tirait pourtant de si mélodieux accords lui échappa et que les cordes s'en rompirent.

Nous n'avons pas à faire ici la biographie de Saint-Amant, qui se réduirait à un petit nombre de détails peu intéressants en eux-mêmes, mais à donner une idée de son tempérament poétique et de sa manière.

Ce n'est pas un élégiaque, ni un pleurard à nacelle que Saint-Amant; c'est un gros garçon jovial, bien portant, haut en couleur, aux cheveux blonds frisés, à la moustache en croc, aux yeux bleus où nage souvent l'humide paillette de l'ivresse. Comme physique, il rappelle ces braves soudards épanouis qu'aime à peindre Terburg, tendant leur vidrecome au vin que leur verse une accorte servante et qui, s'ils ont un œil pour la fille, en ont un autre plus tendre encore pour la bouteille. Cette santé fleurie de l'homme se retrouve dans le poète. Son vers plein, robuste, sonore, aviné parfois, s'empourpre comme la joue du buveur. Il est transparent, mais d'une transparence de rubis et non d'eau claire.

Attaché au maréchal d'Harcourt, qui, parmi la bande joyeuse dont il s'accompagnait volontiers, portait le nom de guerre de Cadet la Perle, Saint-Amant voyagea beaucoup, pratiqua le monde, et sa vie de débauche, celle de tous les seigneurs à cette époque, le mit en contact avec les hommes et les choses; la vie de cabinet, où parmi les paperasses poudreuses les littérateurs ordinaires s'atrophient et ne perçoivent la réalité qu'à travers les livres, lui fut pour ainsi dire inconnue, quoique son bagage poétique soit assez pesant.

Comme ses courses sur terre et sur mer avaient mis à sa disposition un grand nombre d'images, comme il possédait un vocabulaire immense et le plus riche dictionnaire de rimes que jamais poète ait eu dans la cervelle, il travaillait avec une grande facilité à travers des dissipations qui eussent distrait tout autre. Saint-Amant appartenait d'ailleurs à ces esprits dont la verve a besoin de s'allumer d'un excitant physique; chez ces natures, le vin est un philtre merveilleux; le généreux sang de la vigne semble se mêler au sang de leurs veines et y faire circuler avec sa chaleur la flamme de l'inspiration. Un homme intérieur auquel l'autre sert d'enveloppe, ranimé par le puissant breuvage, sort du sommeil et prononce au hasard des paroles magiques ; les idées après avoir battu un moment les vitres de leurs ailes empourprées, viennent se ranger d'elles-mêmes dans la cage de la stance; les rimes, ces fermoirs parfois si difficiles à joindre, s'agrafent toutes seules en rendant un son clair, les mots vibrent et flamboient, harmonies et rayons, et l'œuvre presque inconsciente se trouve achevée avec une perfection dont l'auteur à jeun serait incapable. Mais il ne suffit pas de boire pour atteindre ce résultat, et les sommeliers n'apportent pas toujours la poésie en bouteille. Un sonnet ne se verse pas comme une rasade. C'est un don fatal comme tous les dons que cette inspiration dans l'ivresse ; Hoffmann et Edgar Poe en sont morts, et si Saint-Amant y a résisté, c'est que les estomacs du XVII° siècle étaient plus robustes et qu'il ne buvait que du vin ! (1)

[Saint-Amant, quoiqu'il ait été un des desservants du culte pantagruélique de la dive bouteille, n'était cependant pas un ivrogne vulgaire, un chansonnier de refrains à boire, et s'il a, en compagnie de son ami Garet, charbonné souvent de ses vers les murs des tavernes, il était capable d'autre chose. L'époque

---

(1) Le paragraphe suivant, imprimé entre crochets, est inédit.

d'ailleurs n'était pas sobre, et les poètes du temps ne trempaient leurs lèvres à l'eau d'Hippocrène que métaphoriquement. On se souvient de la fameuse orgie d'Auteuil, où Molière eut tant de peine à empêcher ses convives avinés d'aller faire un plongeon dans la Seine. La muse de la solitude et de la comtemplation l'a visité et lui a inspiré les stances les plus imagées, les plus rêveuses et les plus musicales que compte encore notre poésie, même après le grand renouvellement de 1830. L'effet de l'*Ode à la solitude*, à laquelle nous préférons peut-être l'*Ode du contemplateur*, fut immense ; jamais la description lyrique n'avait déployé de telles ressources de style, une semblable nouveauté de détails, une richesse si imprévue de rimes. Dans ces stances la nature était peinte directement, *ad vivam*, comme on disait autrefois, et sans travestissement mythologique. Saint-Amant, on peut le dire, se montre ici l'inventeur du paysage en vers, comme plus tard Jean-Jacques Rousseau fut l'inventeur du paysage en prose. Il introduisit dans l'art un élément nouveau ; car si l'on excepte quelques descriptions de printemps, tombées à l'état de lieu commun chez les rimeurs du moyen âge, et quelques fonds de verdure et de fleurs peints par Ronsard derrière ses figures, la nature, prise au sens moderne, est complètement absente de l'œuvre de nos poètes. Le spectacle des choses ne semblait pas frapper leurs yeux ; ils n'apercevaient l'univers qu'à travers les anciens et vivaient dans un monde d'abstractions. Nous parlons surtout de l'école qui suivit les préceptes de Malherbe, car celle qui relevait de Ronsard et qui succomba était loin de cette sécheresse; elle avait parfois de la vérité et de la fraîcheur, mais non cette continuité de ton et cette sûreté de pinceau qui distinguent Saint-Amant.]

Le nombre est une des qualités de notre poète ; son vers retentit et sonne comme un timbre ou comme une pièce d'or sans paille sur un marbre ; il avait l'oreille musicale et pour cause, car il jouait du luth, non pas en amateur, mais en virtuose, et quand il parle de son luth, ce n'est pas une simple figure de poésie ; ce don est rare chez les versificateurs français, peu musiciens de leur nature.

A l'élément descriptif Saint-Amant joignait l'élément grotesque dont plus tard les imitateurs de Scarron firent un si triste et si ennuyeux abus ; ce n'était pas chez lui l'amour des pasquinades, des équivoques et des plaisanteries plus ou moins grossières, mais un sentiment pittoresque assez semblable à celui de Jan Steen, des Ostade, des Teniers et des Callot. Il a fait en ce genre de merveilleux petits tableaux devant lesquels Louis XIV eût pu dire, comme devant ceux des peintres flamands : « Emportez ces magots ; » mais ces magots, que l'art a touchés, vivent d'une vie plus intime et plus profonde que la plupart des grandes machines mythologiques qu'on leur préférait alors.

La *Chambre du débauché* est la plus chaude, la plus libre et la plus amusante pochade que puisse imaginer la fantaisie travaillant d'après nature. Quelle verve espagnole et picaresque dans ces détails de burlesque misère! quelle force de couleur, quelle justesse de ton, quelle franchise de touche! Comme tout cela est plein d'esprit, de ragoût et d'humour! La langue française que l'on dit si bégueule, arrive là à rendre avec une intensité étonnante une foule d'objets indescriptibles, et qu'un mot hardi va chercher comme une paillette de lumière sous les glacis bitumineux des fonds.

Quel caprice à la Callot que cette caricature de poète crotté! La pointe du graveur Lorrain n'eût pas égratigné d'un trait plus vif sur le vernis noir cette silhouette ridicule! Le cuistre, le bohème et le capitan se fondent dans cette figure falote de la manière la plus bouffonne et la plus réjouissante. Au reste, nulle méchanceté ne tache de son fiel cette charge de bon aloi et d'une extravagance joyeusement en dehors du possible, malgré sa vérité aisément reconnaissable.

—C'est aussi une pièce de franche originalité que la boutade où le poète drape Rome de la belle manière et, sans respect pour les enthousiasmes de commande, fait de la ville éternelle une critique dont beaucoup de détails sont encore vrais aujourd'hui ; rien n'est plus drolatique que ce dithyrambe à l'envers où la moquerie verveuse fait si bien justice des admirations badaudes, et tire la langue aux antiquailles. L'on conçoit chez un esprit prime-sautier comme Saint-Amant cette horreur des lieux communs et ce parti pris de dénigrement. Rien ne lui eût été plus facile que de faire de Rome une description sérieusement belle. Les couleurs pour cela n'eussent pas manqué sur sa palette. Mais la seule chose qu'il trouve à louer dans la patrie de Romulus, c'est la polenta au parmesan, arrosée de montefiascone.

La *Crevaille*, excusez ce titre d'un goût hasardeux qui, dans le vocabulaire bachique du temps, signifiait une débauche à outrance, est un morceau d'une fougue, d'une ébriété et d'un lyrisme extraordinaires ; comme d'une gigantesque corne d'abondance vidée par le dieu Gaster, ruissellent les mets et les vins avec un scintillement de couleur à éblouir les yeux. Les rimes résonnent comme des verres qui s'entre-choquent et semblent se porter des santés.

Il y a de belles choses dans le *Moïse sauvé*, cette idylle héroïque que Boileau, d'un coup de patte, a replongée dans la mer Rouge, avec le pharaon et ses trois cents chariots de guerre ; le combat de Moïse et de l'Égyptien, le bain de la princesse Termuth, la comparaison de la couleuvre et de l'oiseau, les larmes de Jocabed et même le passage de la mer, malgré le petit enfant qui veut montrer à sa mère le caillou qu'il a ramassé, sont des morceaux à détacher et à mettre dans une anthologie.

Saint-Amant fut de l'Académie, et on le dispensa du discours de réception, à charge de s'occuper de la partie grotesque du dictionnaire. C'était pourtant un poète beaucoup plus sérieux que la plupart de ceux qui semblaient lui faire comme une sorte de grâce en l'admettant, car ce n'est pas le genre qui importe en poésie, mais bien le style. Telle pièce grotesque de Saint-Amant, un sonnet comme les *Goinfres*, par exemple, a plus de valeur et se rattache bien plus à l'art qu'une ode ou qu'un poème d'une platitude correcte. L'auteur de la *Solitude*, du *Contemplateur* et de la *Chambre du débauché* avait l'image, le nombre, la rime, la fougue, le caprice ; il peignait gras, tantôt avec un éclat pourpré à la Rubens, tantôt avec ce ton de hareng fumé verni d'or des peintres hollandais et flamands ; dans la moindre de ses esquisses s'accuse une vie abondante et forte, une plénitude de rime qui témoignent de la plus robuste santé poétique. Un tel tempérament ne devait pas plaire aux secs, aux difficiles, aux malingres, et Saint-Amant, vivement critiqué par un goût méticuleux plus sensible aux défauts qu'aux beautés, tomba peu à peu en désuétude. Il sembla turbulent, grossier et bachique aux puristes incapables de comprendre son mérite. Est-ce à dire que Saint-Amant soit un poète parfait? Non, mais c'est un poète, ce que ne furent pas de plus irréprochables et de plus célèbres.

(*Les Poètes français,* tome II, juillet 1861.)

CHARLES BAUDELAIRE

CHARLES BAUDELAIRE

De tous les poëtes éclos après la splendide irradiation de l'école romantique, M. Charles Baudelaire est assurément le plus original, et par nature et par volonté ; car ce n'est pas une de ces organisations qui produisent des vers comme les orangers des oranges, d'une façon inconsciente et presque sans plus de mérite. Il a le don, mais il a aussi le travail. Il sait ce qu'il fait, il assiste en critique à son inspiration, la conseille, l'excite, la modère, la dirige et la fait aller où il veut. Habile entre les habiles, il s'est rompu dans ce gymnase intérieur où s'exercent les forts à toutes ces luttes avec la langue, la prosodie, le rythme et la rime dont il faut sortir vainqueur pour être digne du nom d'artiste, et qui sont comme le contrepoint de la poésie. Qui n'a pas pratiqué longuement ces difficiles exercices s'expose à rester un jour interdit devant la pensée, n'ayant pas de forme à lui offrir, surprise humiliante, impuissance douloureuse, désastre secret qu'oublie malaisément l'orgueil ! Ces austères études préservent de la banalité, du vague, de l'à peu près par la multitude de tours, de coupes, de dessins, d'harmonies, d'accompagnements, de symétries, d'interséquences et de ressources de toutes sortes qu'elles mettent à la disposition du poète courageux qui s'y est adonné avec une patiente ferveur, ne comptant pas sur son génie seul. Sans elles le côté rare, intime, mystérieux, particulier, inédit de l'idée ne peut être dégagé et mis en lumière. On n'en exprime que le côté trivial, apparent, et déjà rendu par conséquent fruste et à demi effacé. C'est la différence qui existe entre une romance de Blangini et un morceau de Beethoven, entre un dessin de pensionnat improvisé à l'estompe et un rude écorché à la plume de Michel-Ange. Une pareille doctrine contrarie, nous le savons, la vanité poétique qui voudrait, comme les grands seigneurs d'autrefois, faire croire qu'elle sait tout sans avoir rien appris, et joue devant le public badaud la parade de l'innéité générale ; mais nous la développons parce que M. Baudelaire la partage et qu'il lui doit la meilleure partie de son talent. Il a su se garder, en ces temps de production hâtive, de livrer à l'impression ces gourmes de jeunesse, ces scories et ces baves de premières fontes où le morceau bien venu n'est pour ainsi dire qu'un accident heureux. Sa muse n'a pas vagi, à peine sevrée, de puériles cantilènes et des chansons de nourrice. Quoique jeune, il a débuté dans toute sa force et sa maturité. Les *Fleurs du mal* n'ont guère que cinq ou six ans de date. Ce titre significatif montre que l'auteur ne s'est pas amusé à cueillir des vergiss-mein-nicht au bord des sources et à faire de banales variations sur ces vieux thèmes de l'amour et du printemps. Sa poésie n'a rien de naïf ni d'enfantin. Elle part d'un esprit très cultivé, très subtil, très bizarre, très paradoxal, et dont nous ne connaissons pas l'analogue.

Il est dans chaque littérature des époques où la langue formée à point se prête à merveille, après les balbutiements de la barbarie, à l'expression limpide et facile des idées générales, des grands lieux communs sur Dieu, l'âme, l'humanité, la nature, l'amour, la vie, la mort, tout ce qui fait le fond même de la pensée humaine. Rien n'est usé alors, ni les sentiments, ni les mots. Toute métaphore semble nouvelle, aucune comparaison n'est fanée encore ; les rapprochements les plus directs étonnent par leur hardiesse. On ne prend des choses que le trait le plus caractéristique et le plus général. L'analyse sommaire des passions simples suffit aux générations vierges. Cette période, aimable comme la jeunesse, où la vie ne s'est pas encore compliquée de rapports multiples et garde son unité primitive, passe pour l'époque de la perfection classique, et c'est elle qui date ce qu'on appelle les belles époques littéraires. On considère ces époques comme définitives et posant au génie des limites qu'il serait dangereux de franchir. Après, selon les critiques et les rhéteurs, tout n'est que décadence, mauvais goût, bizarrerie, enflure, recherche, néologisme, corruption et monstruosité. Ces idées ou plutôt ces préjugés sont tellement enracinés dans les esprits, que nous n'avons pas la prétention de les en arracher. A nos yeux, ce qu'on appelle décadence est au contraire maturité complète, la civilisation extrême, le couronnement des choses. Alors un art souple, complexe, à la fois objectif et subjectif, investigateur, curieux, puisant des nomenclatures dans tous les dictionnaires, empruntant des couleurs à toutes les palettes, des harmonies à toutes les lyres, demandant à la science ses secrets et à la critique ses analyses, aide le poète à rendre les pensées, les rêves et les postulations de son esprit. Ces pensées, il faut bien l'avouer, n'ont plus la fraîche simplicité du jeune âge. Elles sont subtiles, ténues, maniérées, persillées même de dépravation, entachées de gongorisme, bizarrement profondes, individuelles jusqu'à la monomanie, effrénément panthéistes, ascétiques ou luxurieuses ; mais toujours, quelle que soit leur direction, elles portent un caractère de particularité, de paroxysme et d'outrance. Pour emprunter une comparaison à l'écrivain même dont nous essayons d'apprécier le talent, c'est la différence de la lumière crue, blanche et directe du midi, écrasant toutes choses, à la lumière horizontale du soir, incendiant les nuées aux formes étranges de tous les reflets des métaux en fusion et des pierreries irisées. Le soleil couchant, pour être moins simple de ton que celui du matin, est-il un soleil de décadence digne de mépris et d'anathème ? On nous dira que cette splendeur tardive, où les nuances se décomposent, s'enflamment, s'exacerbent et triplent d'intensité, va s'éteindre bientôt dans la nuit ; mais la nuit qui fait éclore des millions d'astres, avec sa lune changeante, ses aurores boréales, ses pénombres mystérieuses et ses effrois énigmatiques, n'a-t-elle pas bien aussi son mérite et sa poésie ?

Cette espèce de critique qui, ne comprenant pas l'autonomie de l'art, demande au poète d'enseigner, de prouver, de moraliser, d'être utile enfin, a été singulièrement inquiétée par le livre de M. Baudelaire. Le grand mot immoral a été lâché à propos de lui, mot gros de jésuitisme, d'ignorance et de mauvaise foi. L'auteur, pour qui la poésie est à elle-même son propre but, ne saurait être immoral, car il ne prêche aucune doctrine, n'indique aucune solution et ne conseille pas. Il dispose des éléments pour un effet quelconque. La sensation qu'il veut produire est celle du beau, qui s'obtient dans l'horreur comme dans la grâce. Il va jusqu'à s'interdire l'éloquence et la passion, parce qu'il les trouve trop humaines, trop naturelles, pas assez spiritualisées, et d'ailes trop courtes pour planer dans la sphère sereine de l'art. L'émotion comme il l'entend doit être purement intellectuelle, et la provoquer par ces moyens grossiers lui répugne à l'égal d'une indélicatesse. Aussi ces accusations l'étonnent-elles autant que si l'on vantait l'honnêteté de la rose en tonnant contre la scélératesse de la jusquiame. En art, il n'y a rien de moral ni d'immoral, il y a le beau et le laid, des choses bien faites et des choses mal faites.

On lit dans les contes de Nathaniel Hawthorne la description d'un jardin singulier, où un botaniste toxicologue a réuni la flore des plantes vénéneuses. Ces plantes aux feuillages bizarrement découpés, d'un vert noir ou minéralement glauque, comme si le sulfate de cuivre les teignait, ont une beauté sinistre et formidable. On les sent dangereuses malgré leur charme; elles ont dans leur attitude hautaine, provocante ou perfide, la conscience d'un pouvoir immense ou d'une séduction irrésistible. De leurs fleurs férocement bariolées et tigrées, d'un pourpre semblable à du sang figé ou d'un blanc chlorotique, s'exhalent des parfums âcres, pénétrants, vertigineux; dans leurs calices empoisonnés la rosée se change en aqua-tofana, et il ne voltige autour d'elles que des cantharides cuirassées d'or vert, ou des mouches d'un bleu d'acier dont la piqûre donne le charbon. L'euphorbe, l'aconit, la jusquiame, la ciguë, la belladone y mêlent leur froid virus aux ardents poisons des tropiques et de l'Inde; le mancenillier y montre ses petites pommes mortelles comme celles qui pendaient à l'arbre de science; l'upa y distille son suc laiteux plus corrosif que l'eau-forte. Au-dessus du jardin flotte une vapeur malsaine qui étourdit les oiseaux lorsqu'ils la traversent; cependant la fille du docteur vit impunément dans ces miasmes méphitiques; ses poumons aspirent sans danger cet air où tout autre qu'elle et son père boirait une mort certaine. Elle se fait des bouquets de ces fleurs, elle en pare ses cheveux, elle en parfume son sein, elle en mordille les pétales comme les jeunes filles font des roses. Saturée lentement de sucs vénéneux, elle est devenue elle-même un poison vivant qui neutralise tous les toxiques. Sa beauté, comme celle des plantes de son jardin, a quelque chose d'inquiétant, de fatal et de morbide; ses cheveux d'un noir bleu tranchent sinistrement sur sa peau d'une pâleur mate et verdâtre, où éclate sa bouche qu'on dirait empourprée à quelque baie sanglante. Un sourire fou découvre ses dents enchâssées dans des gencives d'un rouge sombre, et ses yeux fixes fascinent comme ceux des serpents. On dirait une de ces Javanaises, vampires d'amour, succubes diurnes, dont la passion tarit en quinze jours le sang, les moelles et l'âme d'un Européen. Elle est vierge cependant, la fille du docteur, et languit dans la solitude. L'amour essaye en vain de s'acclimater à cette atmosphère, hors de laquelle elle ne saurait vivre.

Nous n'avons jamais lu les *Fleurs du mal* de M. Ch. Baudelaire sans penser involontairement à ce conte de Hawthorne ; elles ont ces couleurs sombres et métalliques, ces frondaisons vert-de-grisées et ces odeurs qui portent à la tête. Sa muse ressemble à la fille du docteur qu'aucun poison ne saurait atteindre, mais dont le teint, par sa matité exsangue, trahit l'influence du milieu qu'elle habite.

En ce siècle de tartuferie américaine, on a si bien l'habitude de confondre l'auteur avec son œuvre, d'appeler ivrogne celui qui parle du vin, sanguinaire celui qui raconte un meurtre, débauché celui qui peint la passion ou le vice, athée celui qui fait la biographie d'un incrédule, que nous trouvons nécessaire, après ce rapprochement, d'affirmer, avec tout le sérieux dont nous sommes capable, l'innocuité parfaite de M. Ch. Baudelaire. Notre ami n'est pas du tout un empoisonneur ; il fait de la poésie et non de la toxicologie, quoi qu'en ait dit un trop spirituel académicien. Si quelqu'un de ses lecteurs mourait par hasard, on pourait l'ouvrir ; l'appareil de Marsh n'y découvrirait pas le plus imperceptible atome arsenical. Nous avons nous-même survécu à la lecture des *Fleurs du mal*.

Il faut d'ailleurs rendre cette justice à M. Baudelaire : il ne trompe personne et ne met pas de fausses étiquettes aux plantes dangereuses ; il ne donne pas le pavot pour une rose et le colchique pour une pervenche ; et même, ne prévînt-il pas, depuis quand la peinture d'un cryptogame vénéneux a-t-elle donné la colique ?

Le poète des *Fleurs du mal* ne donne pas dans le travers du siècle à propos de l'humanitairerie et de la progressivité. Il ne pense pas que l'homme soit né bon, et il ne le croit guère perfectible. Il admet au contraire, avec Edgar Poe, la perversité comme élément constitutif de notre nature. Par perversité il faut entendre cet instinct étrange qui nous pousse, en dépit de notre raison, à des actes absurdes, nuisibles et dangereux, sans autre motif que « cela ne se doit pas. » A quel ressort secret faut-il attribuer l'aveu tout à fait gratuit d'une chose honteuse et criminelle, la paresse inéluctable au moment de l'action suprême, la continuation d'une habitude souvent désagréable et qu'on sait mortelle, la recherche des hauts lieux et des abîmes pour leur vertige et leur attirance, la fureur destructrice qui vous fait vous acharner contre votre fortune ou votre bonheur, les goûts ridicules et les dépravations maniaques en dehors de toute excitation sensuelle qui les expliqueraient sans les justifier ? A la perversité native qui a retenu ce que le serpent lui chuchotait à l'oreille, aux premiers jours du monde.

On aurait tort de s'imaginer que M. Baudelaire, tout en peignant les difformités physiques et morales de la nature humaine, ayant pour milieu une civilisation extrême, ait la moindre complaisance à leur endroit. Il les renie comme des infractions au rythme universel. Impitoyable pour les autres, il se juge non moins sévèrement lui-même. Il dit avec un mâle courage ses erreurs, ses défaillances, ses délires, ses perversités, sans ménager l'hypocrisie du lecteur atteint en secret de vices tout pareils. Le dégoût et l'horreur des monstruosités modernes le jettent dans un spleen à faire paraître le sépulcral Young d'une gaieté folâtre ; mais plus la laideur des visages stigmatisés par les fatigues de la vie, hâves de débauche, convulsés de névroses, l'obsède, l'irrite et le révolte, plus il s'élève vers l'idéal d'une aile hâtée et puissante dans la sérénité des régions lumineuses, au paradis des rêves, où le beau resplendit avec son impeccable perfection.

Quoiqu'il aime Paris comme l'aimait Balzac, qu'il en suive, cherchant des rimes, les ruelles les plus sinistrement mystérieuses, à l'heure où les reflets des lumières changent les flaques de la pluie en mares de sang et où la lune roule sur les anfractuosités des toits noirs, comme un vieux crâne d'ivoire jaune, qu'il s'arrête parfois aux vitres enfumées des bouges, écoutant le chant rauque de l'ivrogne et le rire strident de la prostituée, ou sous la fenêtre de l'hôpital, pour noter les gémissements du malade dont l'approche d'une aurore, blafarde comme lui, avive les douleurs, souvent des récurrences de pensée le ramènent vers l'Inde, patrie de son enfance, et par une trouée de souvenirs on aperçoit, comme aux féeries à travers une brume d'azur et d'or, des palmiers qui se balancent sous un vent tiède et balsamique, des visages bruns aux blancs sourires essayant de distraire la mélancolie du jeune maître.

Si les artifices de la coquetterie parisienne plaisent au poëte raffiné des *Fleurs du mal,* il ressent une vraie passion pour la singularité exotique ; dans ses vers, dominant les caprices, les infidélités et les dépits, reparaît opiniatrément une figure étrange, une Vénus coulée en bronze d'Afrique, belle, mais fauve, *nigra sed formosa,* espèce de madone noire, dont la niche est toujours ornée de soleils en cristal et de bouquets en perles. C'est vers elle qu'il revient après ses voyages dans l'horreur, lui demandant, sinon le bonheur, du moins l'assoupissement et l'oubli. Cette sauvage maîtresse, muette et sombre comme un sphinx, avec ses parfums endormeurs et ses caresses de torpille, semble un symbole de la nature ou de la vie primitive à laquelle retournent les inspirations de l'homme las des complications de la vie civilisée, dont il ne pourrait se passer peut-être.

Le cadre restreint de cette notice ne nous permet

pas d'analyser un à un les petits poèmes de M. Ch. Baudelaire. Chaque poésie est réduite par ce talent concentrateur en une goutte d'essence renfermée dans un flacon de cristal à mille facettes, atar-gul, hachisch, opium, vinaigre ou sel anglais qu'il faut boire ou respirer avec précaution, comme toutes les liqueurs d'une exquisité intense.

Nous citerons seulement parmi les pièces nouvelles « *les Petites Vieilles*, » fantaisie singulière, où sous les délabrements de la misère, de l'incurie ou du vice, l'auteur, « parmi ces Ninons cariées et ces Vénus du Père-la-Chaise, » retrouve avec une pitié mélancolique des vestiges de beauté, des restes d'élégance, un certain charme fané, et comme une étincelle d'âme. Celle qu'il intitule « *Rêve parisien* » est un cauchemar splendide et sombre, digne des Babels à la manière noire de Martynn. C'est un paysage ou plutôt une perspective magique faite avec du métal, du marbre et de l'eau, et d'où le végétal irrégulier est banni. Tout est rigide, poli, miroitant sous un ciel sans lune, sans soleil et sans étoiles; au milieu d'un silence d'éternité montent, éclairés d'un feu personnel, des palais, des colonnades, des tours, des escaliers, des châteaux d'eau d'où tombent, comme des rideaux de cristal, des cascades pesantes. Des eaux bleues s'encadrent comme l'acier des miroirs dans des quais ou des bassins d'or bruni, ou coulent sous des ponts de pierres précieuses. Le rayon cristallisé enchâsse le liquide, et les dalles de porphyre des terrasses reflètent les objets comme des glaces. Le style de cette pièce a le brillant et l'éclat noir de l'ébène.

Terminons par ces mots si vrais de Victor Hugo à l'auteur des *Fleurs du mal* : « Vous dotez le ciel de l'art d'on ne sait quel rayon macabre, vous créez un frisson nouveau. »

(*Les Poètes français*, tome IV, août 1862.)

LES AVENTURES

DU

BARON DE MUNCHHAUSEN

LES AVENTURES
DU BARON DE MUNCHHAUSEN

TRADUCTION DE THÉOPHILE GAUTIER FILS

PRÉFACE

Les *Aventures du baron de Münchhausen* jouissent en Allemagne d'une célébrité populaire qu'elles ne sauraient manquer, nous l'espérons du moins, d'acquérir bientôt en France, malgré leur forte saveur germanique et peut-être à cause même de cela; le génie des peuples se révèle surtout dans la plaisanterie. Comme les œuvres sérieuses chez toutes les nations ont pour but la recherche du beau, qui est un de sa nature, elles se ressemblent nécessairement davantage et portent, moins nettement imprimé, le cachet de l'individualité ethnographique. Le comique, au contraire, consistant dans une déviation plus ou moins accentuée du modèle idéal, offre une multiplicité singulière de ressources; car il y a mille façons de ne pas se conformer à l'archétype. La gaieté française n'a aucun rapport avec l'humour britannique ; le *witz* allemand diffère de la bouffonnerie italienne, et le caractère de chaque nationalité s'y montre dans son libre épanchement. Le baron de Münchhausen, en dépit de ses hâbleries incroyables, n'a nul lien de parenté avec le baron de Crac, autre illustre menteur. La *blague* française, qu'on nous pardonne d'employer ce mot, lance sa fusée, pétille et mousse comme du vin de Champagne, mais bientôt elle s'éteint, laissant à peine au fond de la coupe deux ou trois perles de liqueur. Cela serait trop léger pour des gosiers allemands, habitués aux fortes bières et aux âpres vins du Rhin ; il leur faut quelque chose de plus substantiel, de plus épais, de plus capiteux. La plaisanterie, pour faire impression sur ces cerveaux pleins d'abstractions, de rêves et de fumée, a besoin de se faire un peu lourde ; il faut qu'elle insiste, qu'elle revienne à la charge et ne se contente pas de demi-mots qui ne seraient pas compris. Le point de départ de la plaisanterie allemande est cherché, peu naturel, d'une bizarrerie compliquée et demande beaucoup d'explications préalables assez laborieuses ; mais la chose une fois posée, vous entrez dans un monde étrange, grimaçant, fantasque, d'une originalité chimérique dont vous n'aviez aucune idée. C'est la logique de l'absurde poursuivie avec une outrance qui ne recule devant rien. Des détails d'une vérité étonnante, des raisons, de l'ingéniosité la plus subtile, des attestations scientifiques d'un sérieux parfait, à rendre probable l'impossible. Sans doute, on n'arrive pas à croire les récits du baron de Münchhausen ; mais à peine a-t-on entendu deux ou trois de ses aventures de terre ou de mer, qu'on se laisse aller à la candeur honnête et minutieuse de ce style, qui ne serait pas autre s'il avait à raconter une histoire vraie. Les inventions les plus monstrueusement extravagantes prennent un certain air de vraisemblance, déduites avec cette tranquillité naïve et cet aplomb parfait. La connexion intime de ces mensonges qui s'enchaînent si naturellement les uns aux autres finit par détruire chez le lecteur le sentiment de la réalité, et l'harmonie du faux y est poussée si loin qu'elle produit une illusion relative, semblable à celle que font éprouver les voyages de Gulliver à *Lilliput* et à *Brobdignag*, ou bien encore l'*Histoire véritable* de Lucien, type antique de ces récits fabuleux tant de fois imités depuis. Ici, le crayon de Gustave Doré augmente encore le prestige ; personne mieux que cet artiste, qui semble avoir cet œil visionnaire dont parle Victor Hugo dans sa pièce à Albert Dürer, ne sait faire vivre d'une vie mystérieuse et profonde les chimères, les rêves, les cauchemars, les formes insaisissables noyées de lumière et d'ombre, les silhouettes drolatiquement caricaturales et tous les monstres de la fantaisie ; il a commenté les aventures du baron de Münchhausen de dessins qui semblent les planches d'un voyage de circumnavigation par leur fidélité caractéristique et leur exotique bizarrerie. On dirait que, peintre de l'expédition, il a croqué d'après nature tout ce que décrit le facétieux baron allemand, et le texte en acquiert une valeur de bouffonnerie froide plus germanique encore.

Novembre 1862.

FIN

TABLE

	Pages.
Avertissement....................	1
Un buste de Victor Hugo..........	1
De l'originalité en France........	7
Scènes populaires, de Henri Monnier...	17
Voyages littéraires...............	31
Excellence de la poésie...........	45
Sculpteurs contemporains : M. Antonin Moine...................	55
Au bord de l'Océan...............	67
Décorations de Stradella..........	79
Les Danseurs espagnols...........	89
Un feuilleton a faire.............	99
Vente de la galerie de l'Élysée-Bourbon.	109

TABLE.

	Pages.
Copie du Jugement dernier de Michel-Ange.	121
Statues de Michel-Ange	133
Les Éventails de la princesse Hélène	145
Les Concours de 1837	155
Les Fêtes de juillet vues de Montmartre.	177
Le Chemin de fer	185
Illustrations de Paul et Virginie	197
Utilité de la poésie	207
La Turquie, par Camille Rogier	217
La République de l'avenir	227
L'atelier de M. Ingres en 1848	239
A propos de ballons	251
De l'incommodité des logements modernes	265
Théophile de Viau	273
Saint-Amant	287
Charles Baudelaire	301
Les aventures du baron de Munchhausen.	317

Paris. — Imp. Vᵉ P. Larousse et Cⁱᵉ, rue Montparnasse, 19.

www.ingramcontent.com/pod-product-compliance
Lightning Source LLC
Chambersburg PA
CBHW060359170426
43199CB00013B/1926